故事里的中国历史
两晋南北朝故事

林力平 著

吉林出版集团股份有限公司

版权所有 侵权必究

图书在版编目（CIP）数据

两晋南北朝故事 / 林力平著． -- 长春：吉林出版集团股份有限公司，2023.6
（故事里的中国历史）
ISBN 978-7-5731-2666-5

Ⅰ．①两… Ⅱ．①林… Ⅲ．①中国历史－魏晋南北朝时代－青少年读物 Ⅳ．①K235.09

中国国家版本馆 CIP 数据核字（2023）第 096220 号

LIANG JIN NAN-BEI CHAO GUSHI

两晋南北朝故事

著　　者：林力平	特约审稿：王　岗
出版策划：崔文辉	绘　　图：冯　戈　高国飞
项目统筹：郝秋月	装帧设计：观止堂_未　氓
选题策划：赵晓星	责任编辑：徐巧智　孙　瑶

出　　版：	吉林出版集团股份有限公司
	（长春市福祉大路5788号，邮政编码：130118）
发　　行：	吉林出版集团译文图书经营有限公司
	（http://shop34896900.taobao.com）
电　　话：	总编办 0431-81629909　营销部 0431-81629880/81629881
印　　刷：	长春新华印刷集团有限公司
开　　本：	170mm×240mm　1/16
印　　张：	19.5
字　　数：	210千
印　　数：	1-10000
版　　次：	2023年6月第1版
印　　次：	2023年6月第1次印刷
书　　号：	ISBN 978-7-5731-2666-5
定　　价：	39.80元

（印装错误请与承印厂联系　电话：0431-86059088）

序

我和林力平先生相识已有近三十年的时间了。他待人宽厚，处事随和，给我留下了深刻的印象。相识不久，我得知林先生的祖父就是著名的教育家、历史学家、文字学家林汉达，其家学渊源有自。如今欣闻林老长孙林力平薪火相传，祖孙共著历史故事，真是一大幸事。

记得我在很小的时候，就拜读过林老撰写的《东周列国故事新编》《前后汉故事新编》及《中国历史故事集》，虽然由于年少，尚未从事专职历史研究工作，然而从书里了解到许多历史常识，受益颇深。林老的著作深入浅出，通俗易懂，的确是非常有趣的少儿读物；而林老的大家风范，更是给我留下了深刻印象。

转眼半个世纪过去了，林老的著作在今天仍然有着广泛而深远的影响，是弘扬中华优秀传统文化极好的教材。几年来，林力平先生秉承林老的遗志，事必躬亲，继承和发扬了前辈的治学精神，将这套中国历史故事加以改写和续写，夜以继日地完成了祖父生前的遗愿，洋洋洒洒近80万字，堪称巨制，为广大青少年读者朋友献上了崭新的篇章，也是对林汉达老前辈最好的纪念。

作者在书中娴熟地运用通俗化的语言文字，将千古兴亡的历史故事娓娓道来。读来情趣盎然，新意迭出，颇显家学风骨。书中对主要事件梳理清晰，衔接有序；对人物描绘生动，刻画细腻。清晰明快的语言，将历史人物的心理刻画得惟妙惟肖。文中对话声情并茂，呼之欲出，与人物形象浑然一体；夹叙夹议的写作手法，犹见在理性的思辨中，以饱含人性的笔墨再现千年青史，如同一幕幕的动态影像，呈现在读者面前。

吉林出版集团在林汉达《中国历史故事集》的基础上，融入林力平先生续写的相关部分，将这部中国历史从先秦时期一直讲到清朝末年。这项举措，彰显了出版单位的睿智与魄力。我曾经自拟一副对联："千秋功过评非易；万般学问治史难。"

衷心期盼林力平先生续写完成的《故事里的中国历史》，能够让更多的青少年朋友了解祖国的历史，洞察人类社会发展的大趋势。

北京市社科院历史研究所研究员　王岗

于2022年10月30日

自序

  爷爷林汉达生于1900年,是中国著名的教育家、历史学家、语言学家、文字学家和翻译家,曾任燕京大学教授、教务长,中华人民共和国教育部副部长。爷爷生前一直从事教育工作、通俗历史读物写作和中国文字改革工作,是语文现代化的倡导者和推动者。

  从上世纪五六十年代起,他开始致力于用通俗化的现代汉语撰写中国历史故事。自20世纪60年代起,陆续出版了《东周列国故事新编》《前后汉故事新编》《三国故事新编》《中国历史故事集》《上下五千年》等作品。爷爷写的这些历史故事文风幽默,通俗易懂,囊括了从我国春秋、战国、西汉、东汉一直到三国末期上千年发生的历史故事,成为我国最早使用通俗语言讲述真实历史故事的开山鼻祖,至今读来脍炙人口,成为千家万户书架上的必备书目。半个多世纪以来,这些作品伴随着一代代青少年的成长,深受广大读者朋友们的喜爱。

祖孙之情,不忘教诲——

我是爷爷的长孙,从小就和爷爷奶奶共同生活在北京西单辟才胡同的一所小院里。记得上小学时,我做完功课就常推开爷爷书房的门,站在他对面按着书桌,调皮地轻声念着爷爷刚写出来的每一个字。他总是从老花镜后面抬眼看我一下,之后继续写他的书。窗明几净的书房里,宁静得只有钢笔尖在稿纸上沙沙作响的声音。

记得上五年级高小毕业班时,有一次放学后,我在爷爷的书桌前站着看他写作良久,就想溜到小院里去玩儿一会儿,谁知刚一挪步,爷爷却开口了:"先别走,今天帮我做点活儿。"我一听爷爷给我下任务,不禁兴奋起来,接着开始按照爷爷的要求,标注书中一些汉字的拼音,誊写一两页爷爷刚刚修改过的手稿,然后用普通话的发音朗读给他听。

从小学到中学,秉承爷爷的谆谆教诲,我至今仍清晰地记得,他给我在语文学习上确定的方向,即"通俗化、口语化、规范化"。这对我一生的学习和写作影响巨大。作为爷爷身边的长孙,我比较熟悉他的行文笔触、用语习惯,并且有幸经常得到他老人家的悉心指导,受益匪浅。

记得上中学时,有一天爷爷把我拉到他身边,语重心长地对我说:"我身体已经不如从前了,希望你将来能够继承我的事业,把我没有写完的历史故事续写完成。"我含着泪听完了爷爷的这番话,默默地点了点头。1972年7月26日,爷爷不幸病逝,享年72岁,我那年才18岁。

继承发扬,薪火相传——

时隔半个世纪,爷爷的这番话时常在耳边响起,只因多年来忙于策划和主持全国艺术创作研讨会的工作,遂将续写林汉达历史故事的任务放在了心中一角。光阴荏苒,转眼到了退休年龄,强烈的使命感促使我重温爷爷生前写下的长篇历史故事丛书。

2020年元旦刚过,欣逢吉林出版集团的赵晓星老师来访,寒暄须臾,在茶香氤氲中,我们很快谈到如何续写林汉达的中国历史故事的话题。在数年之前,她曾在电话里与我谈及此事,那时我忙于工作,觉得这是一件令人憧憬而遥远的事情。如今我们越聊越觉得这件事情意义重大,而且迫在眉睫。

听晓星老师讲,她在学生时代就读过林汉达写的历史故事,从事专业出版工作后,她出版的第一套书也是中国历史故事,可见其心系国史,情有独钟。她希望我能够续写三国以后的历史故事,直至清末。这与我素来的心愿不谋而合,我终于有了一个实现爷爷嘱托的良好契机。能够沿着爷爷的思维脉络,俯身在他老人家辛勤耕耘的禾田里培土育苗,去开垦新的处女地,去拓展新的历史篇章,成为我的光荣使命。

我们决定新编一套《故事里的中国历史》，包括《春秋故事》《战国故事》（改编自中华书局出版的《东周列国故事新编》），《西汉故事》《东汉故事》（改编自中华书局出版的《前后汉故事新编》），《三国故事》（改编自上海少儿出版社出版的《三国故事新编》），以及由我续写的《两晋南北朝故事》《隋唐故事》《宋元故事》《明朝故事》《清朝故事》，前后相加共十册，同时出版发行，以飨读者。

　　由于工作量巨大，前四本交由吉林出版集团相关编辑进行改编，再交由我审校。第五本《三国故事》由我来改编。随后，我将爷爷撰写的《三国故事新编》原稿反复通读，根据历史人物的主次、事件的大小，以及对后世影响的轻重来悉心衡量比对，由此勾勒出主体框架，再精心挑选出人物与事件相对重要的部分，进行了前后文有机的联结与凝缩合并，以突出主线的叙事连贯性。

　　为了承前启后，方便读者阅读，按照爷爷生前的嘱托，运用通俗化的语言，在缩写与改编的过程中，我做到了三个方面的注重：

　　一、在尊重真实历史事件的基础上，注重对历史人物形象的描写，尤其对人物内心产生的复杂情感进行细致的分析与推敲，旨在多视角地呈现各类人物的性格特征，使历史人物较为客观地走向各自不同的命运，并运用一些蒙太奇的时空叙事方法，方便读者全方位地审视理解和阅读品鉴。

　　二、对于不同人物的形象塑造，注重设计生动的语言对话来进行描述，从而突出不同人物的性格特征和个性差异，力求声情并茂、呼之欲出。此外，对一些主要战事以电影般的动态描述，再现了兵戎相见的冷兵器时代各种激烈的战斗场景，使故事中的人物跃然纸上、栩栩如生。

三、运用国粹韵辙知识，注重行文的流畅性与对仗的工整性。同时，将古代官文书信中的文言辞藻，运用相对通俗化的阐释，将士族与大众在语言方面存在的差异，通过采用不同层面的语汇来进行表达，以体现故事中特定人物的真实性。

夜以继日，事必躬亲——

缩写爷爷的原稿，是一件极具挑战性的事情。我十分慎重地对照着爷爷的原著，逐字逐句地进行通读和精选篇章，以点带面地将人物和事件进行有序串接，做到既有铺陈又有重点；对前后章节的叙述，在注重故事衔接的基础上，去枝除蔓，以突出主线。当我夜以继日地默读着爷爷的原稿，字里行间，他老人家的言谈话语、音容笑貌，仿佛历历在目。

将爷爷的书稿保持通俗化的特有风格，继承和发扬老少皆宜、通俗易懂的大众化语言，使真实的故事让读者能够朗朗上口，是本书创作的宗旨。为了适应新世纪读者的阅读方式和语言习惯，酌情采用了一些新词汇和新语境的表述方法；对现今已不常用的表达方式，亦酌情做了必要的调整。

通过三个月的努力，我将爷爷的120章、50万字的三国故事原稿，改编缩写成60章，13万字。接着进行后五册续写续编的工作，在此期间，我悉数浏览、翻阅参考了各经典史书里的记载，通过反复鉴别，仍然采用缩写林汉达《三国故事新编》的原则和方法，将艰涩、冗长而繁杂的历史事件甄选出重点，并始终遵循以略带京味儿的通俗化语言来进行表述，在避繁就简的故事叙述中，力求描述得真实准确。

为了拓展读者的视野，满足多元的阅读需求，在一些篇章里，我还加入了一些有关文化艺术、科技方面的故事，旨在让读者了解不同历史时期科技文化的发展成果。与此同时，按照爷爷生前在语言上提倡的"三化"要求，力求做到朴实无华、通达明快。

手绘插图，相得益彰——

该套历史故事的插图，由美术功底深厚的名家绘制，形象生动、造型准确、人物传神，惟妙惟肖地体现了书中故事的主题，与文字内容相得益彰，使读者尽享绘画艺术的陶冶，领略名家插图的风采。

作者期待，明鉴历史——

通过广泛阅读史料，融会贯通，加工提炼，为此笔耕不辍，历时近三年之久。今天，这套新出版的《故事里的中国历史》

终于要面世了。为此，衷心感谢广大读者朋友们的殷切期待！感谢出版单位全体团队的精诚合作！感谢业界名家们的大力支持和热情的鼓励！

在此，由衷地期待广大青少年和各界朋友，能够喜欢这套真实而有趣的历史读物。其中娓娓道来的一个个小故事，如同隐藏在一个巨大的历史宝库里，等待着您来认识发掘，借此梳理千秋，在洞察历史发展的规律中，悉心品鉴那些值得回味的人和事。

2022 年 11 月 18 日　于北京

第十六章	东床快婿	〇九八
第十七章	一代画圣	一〇五
第十八章	陶侃逸事	一一二
第十九章	桓温北伐	一一九
第二十章	扪虱寒士	一二六
第二十一章	一意孤行	一三三
第二十二章	东山再起	一三九
第二十三章	淝水之战	一四六
第二十四章	法显西游	一五三
第二十五章	北魏立国	一五九
第二十六章	统一北方	一六六
第二十七章	世外桃源	一七三
第二十八章	刘裕摆阵	一七九
第二十九章	才高八斗	一八六
第三十章	唱筹量沙	一九二

目录

第一章　洛阳纸贵　〇〇一

第二章　石崇斗富　〇〇七

第三章　周处除害　〇一四

第四章　喝点肉粥　〇二一

第五章　八王之乱　〇二八

第六章　男士比美　〇三四

第七章　撰《三国志》　〇四〇

第八章　李特起义　〇四六

第九章　灌娘请缨　〇五三

第十章　西晋灭亡　〇六〇

第十一章　共享天下　〇六六

第十二章　石勒称帝　〇七二

第十三章　养虎为患　〇七九

第十四章　闻鸡起舞　〇八六

第十五章　中流击楫　〇九二

第三十一章　范晔著史　一九九
第三十二章　实话实说　二〇六
第三十三章　大发明家　二一三
第三十四章　范缜辟佛　二一九
第三十五章　临朝称制　二二六
第三十六章　迁都洛阳　二三一
第三十七章　撰《水经注》　二三八
第三十八章　北魏分裂　二四五
第三十九章　建立北齐　二五二
第四十章　"皇帝菩萨"　二五九
第四十一章　侯景之乱　二六六
第四十二章　舍子守城　二七三
第四十三章　北周灭齐　二八〇
第四十四章　北周废佛　二八六
第四十五章　后主亡国　二九〇

第一章 洛阳纸贵

公元280年，晋武帝统一全国以后，就想让国家尽快富强起来。他深知战乱之后，首先要让天下的百姓安居乐业，休养生息，才能使百废待兴的国家早日恢复元气。于是，他开始诏令减轻百姓的税赋，实行批量裁军的政策。新政实施不久，西晋的政治趋于稳定，经济得到了复苏，逐渐出现了繁荣的景象，与此同时，文学艺术也得到了长足的发展。晋武帝的这些治国良策的实施是在太康年间，这段时期历史上称为"太康繁荣"。

这期间，西晋出现了一位很有名的文学家叫左思（约250—约305年），字太冲，齐国临淄（今山东省淄博市临淄区）人。他创作的《三都赋》，人们读后都赞不绝口，一时在京城洛阳广为流传，文人墨客都竞相传诵转抄，导致洛阳的纸张供不应求，价格不断上涨。原来每刀（古时一刀纸约100张）一千文的纸张一下子涨到两三千文，而且还经常断货。为了抄写这篇千古名赋，不少人只好跑到外地去买纸，这就是"洛阳纸贵"这个成语的由来了。

左思个子矮小，除了相貌不好看，说话还有点儿结巴。在他很小的时候，他父亲左雍生怕人家笑话，无奈地说："这孩子根本没法儿和我小时候相比。"甚至还为生了他而后悔。左思听了父亲的话感到很自卑，整日闷闷不乐，感觉抬不起头来，以致严重削弱了他的学习兴趣。起初，他父亲叫他学习书法，后来又让他专攻琴艺，恨不得揠苗助长。可这些督促学习的措施用在左思身上，就好像对牛弹琴。

失望透顶的父亲，时常忍不住对朋友们旧调重弹："唉，我儿子的学习条件虽然比我好得多，可是远远赶不上我小时候的成绩啊！"这些反复责怪的话对左思的自尊心伤害很大，他难受了许久，尤其对父亲的数落很不服气，更不甘心自己一辈子让人家瞧不起，于是萌发了一种向上奋进的志向。

有了初步的志向，他很快挑选了一本曾经读过几页后来又放弃的书卷，静下心来仔细阅读。不多一会儿，书里就像有个好朋友在跟他娓娓道来，讲述着一个个有趣的故事，不知不觉引起了他浓厚的兴趣，以至他着了迷似的对这卷书爱不释手。此时的左思幡然醒悟，后悔自己以往在学习时总是浅尝辄止，似乎一下子明白了学习对于人生的重要性。

此后，他咬紧牙关，暗下决心，废寝忘食地发愤读书，几乎到了书不离手的程度。就这么年复一年地博览群书，他写下了不少心得笔记。他随时将书带在身边，反复翻阅领会，温故而知新。几年下来，左思已能够写得一手好文章，为此常被众人称赞，并以辞藻华丽而小有名气。

左思有个妹妹叫左芬，因才貌出众，被晋武帝大选美人时选入宫中，左思一家也就来到了京都洛阳。洛阳城内车水马龙，络绎不绝的人群熙熙攘攘，使左思目不暇接。尤其望见一些悠闲漫步的书生儒士，三三两两地穿梭于街头巷尾，一个个风度翩翩、谈吐儒雅、举止大方，简直快让他羡慕死了。

眼前繁华的京都，激发了左思的创作欲望，他打算效仿班固和张衡的文笔，以辞赋的形式撰写一篇描述都市繁花似锦、美轮美奂景象的文章。

左思小时候曾读过班固写的《两都赋》和张衡写的《二京赋》，由衷地钦佩两篇文中宏大的气魄和华丽的文辞，赞叹他们写出了东京洛阳的繁荣市景和西京长安的皇家气派。而此次目睹了洛阳城繁华绚丽的景象之后，他却感到在二人的作品中，虽然辞藻华丽可观，但多少存在一些虚而不实、空泛浮夸的内容。于是，他决心按照三座城市原有的面貌，撰写一篇《三都赋》，把三国时期的魏都洛阳（220年曹丕定都洛阳；265年，西晋代魏，仍以洛阳为都）、蜀都成都、吴都南京分别写入赋中。

为了撰写《三都赋》，左思专门走访了这三座城市以及周边地区，进行了详尽的考察，收集了大量的历史、地理、物产以及风土人情等方面的资料。在收集到完备的资料后，他就开始足不出户，潜心创作。为了这部作品，他在室内、院子里甚至茅厕都放上了纸笔，一有灵感，随时速记下来，以免事后忘记。就这样，他远离喧嚣的都市，在孤独和寂寞中，专心著书立说，反复斟酌，三易其稿，以求完善。他整整耗费了十个春秋，投入了全部的精力，终于写成了著名的长篇赋文《三都赋》。

奇怪的是，这部作品刚刚问世的时候，不但没有引起轰动，反而遭到了许多文人墨客的冷嘲热讽。当时的一位著名的文学家陆机也曾有过写《三都赋》的念头，他听说名不见经传的左思已经写了同样的题材，还没看就对旁人挖苦地说："不知天高地厚的小子，竟想超过班固、张衡，实在是太不自量力了！"甚至在给自己的弟弟陆云的信中也连损带贬地说："京城里有个狂妄的家伙居然写了《三都赋》，我看他写成的东西只配给我盖酒坛子！"

这些风言风语很快就传到了左思的耳朵里，他不甘心自己的作品被人诋毁以致遭到埋没，就前去拜访当时著名的文学家张华，请他给做个评判。张华先是通篇阅读了《三都赋》，接着详细询问了左思十年来的创作过程，回过来再细细品鉴，不禁被其精妙的文采深深地打动了。他越读越喜爱，不禁连连称赞道："长赋文章难得一见，文笔流畅，神采飞扬；引人入胜，叹为观止啊。"

左思听了恭敬地说："还请先生不吝赐教。"

张华客气地摆了摆手，爱惜地说："唉，现在的世俗文人只重名气地位，却不看重文章的内容，可谓浮躁之气甚嚣。值得庆幸的是，你不但没有随波逐流，反倒能独守一隅，潜心创作出如此宏篇！实为难能可贵。另外，他们诋毁你的话千万别在意。"

左思听了松了一口气，拱了拱手说："承蒙先生抬爱，不胜感激！在下拙文倘有不妥之处，还望先生予以斧正（是指请别人修改文章的敬辞）。"

张华笑了笑，欣慰地说："《尚书》里说得好，'满招损，谦受益'，这是做学问的人必备的品质，你虽然年轻，好在已具备这样的才智和品行。"

"先生过奖了！"左思被夸赞得低下了头，有点儿局促起来。

张华接着说："你一定知道皇甫谧（215—282，年魏晋间作家、医学家，著有《针灸甲乙经》等）先生吧？他很有名气，是位爱才的君子。这样吧，让我和他一起把你的文章推荐给世人！"

几天后，皇甫谧看了《三都赋》后，对文章给予了高度评价，并立即为之写了序言。他还特地请来佐著作郎（修撰国史的文官）张载为《三都赋》中的《魏都赋》做注解；请中书郎（编修国史的文官）刘逵为《蜀都赋》和《吴都赋》做注解。刘逵兴致勃勃地边读边在序文中写道："世人常常重视古人的文章，而往往忽视了最新的文学成就，这就是《三都赋》面世后却不为世人所认可的原因哪。"

由于得到了名人们的作序和注解，以及他们的热情推荐，《三都赋》很快风靡了京都，喜爱文学的人没有不称赞的。以前讥笑过左思的陆机听说这人已名声大噪，连忙找来《三都赋》，刚读了几页，就为其文采所折服，忍不住连连感叹："文章写得太好了，真没想到！唉，是我太傲慢，当初小瞧人家了。"他深知自己如果写《三都赋》，文笔绝不会超过左思，索性就放弃了。

一夜成名的左思，从此没人敢小瞧他了。由于左思发愤读书、虚心求教、持之以恒、精益求精的学习品质，才有了《三都赋》被人们广为传抄的美谈，才有了"洛阳纸贵"的故事。可见能够成才的人并不一定都是天才，只有发现自身不足而能及时纠正的人，才能真正有所成就。

第二章 石崇斗富

晋武帝自从得了天下，起初还肯干一些振兴国家的事情，等日子一太平，就懒得打理朝政了。他开始琢磨：怎样才能享尽天下的荣华富贵呢？于是，一天到晚沉浸在醉生梦死的生活里。尤其当他闲得发慌时，就别出心裁地带头摆阔气。上梁不正下梁歪，没几天，朝臣们就把摆阔气当成是最时髦、最体面的事。

当时有个太傅叫何曾，一天的伙食就得花费一万钱。这一万钱是多少呢？当时足够几十个农民吃上一年。花这么多钱，何曾还百般挑剔，嫌伙食不够好。他时常看着满桌子的山珍海味却眉头紧皱，叹着气说："这些菜叫我怎么咽得下去呀！唉！简直没法儿下筷子！"他儿子一见他爹抱怨菜饭难吃，仗着家里不差钱，就干脆叫厨子把每天的伙食都来它个花样翻新，费用加到了二万钱。

说起摆阔气，何曾跟晋朝的超级富豪石崇比起来，不过是小巫见大巫，还差得远呢。石崇在荆州做官的时候，暗地里指使士兵假扮强盗，靠着打劫富商大贾（gǔ，商人）的血腥勾当，发起了不义之财。他就这么靠着假扮强盗快速致富后，用赃款再去行贿上一级官僚，以此买官鬻（yù）爵，从地方官吏一级一级往上爬，最后入京做了大官。然后他靠着衙署的金字招牌，变本加厉地贪污受贿，因此积累了数不清的财富，成为晋朝的超级大富豪。

富得流油的石崇，常在家中举办豪华宴会，宴请朝野上下的达官显贵和文人墨客，于是来他府上找乐子的官员和献殷勤的下属络绎不绝。石崇隔三岔五大宴宾客，并且安排一个个美女在座席上给宾客劝酒，并且规定：如宾客不想喝酒或者喝得不够尽兴，就要怪罪劝酒的美人儿没伺候好，以致残忍地将她杀掉，以此显示家中买来的美女如云，杀几个不算什么事儿。

大多酒量不行的宾客为了让美女活命，只好使劲地喝，结果当场酩酊大醉，丑态百出。王导和王敦是堂兄弟，都在朝廷做官，应邀也来到石崇的宴会上。王导酒量很小，担心劝酒的美女被杀，强饮了数杯，当场醉倒在席上。王敦酒量虽然很大，但是心肠狠毒，就爱看杀头，不管美女流着泪怎么劝酒，他也不肯沾一口。结果一连三个姑娘好端端地丧了命。王敦见了却仍然不为所动，还是滴酒不沾。王导酒醒后气愤地责备王敦太没良心。王敦漫不经心地说："他杀自家人，跟我有什么关系？"可见王敦的心肠毒如蛇蝎。

晋武帝的舅父、后军将军王恺的官职和社会地位要比石崇高，家里也是阔得不行。他听说石崇比他还阔，很不服气，心想：我堂堂皇亲国戚，世代做官的大家族，难道还比不了你这个暴发户？于是他就找机会要跟石崇比个高低，看看到底谁更有钱。

王恺为了炫耀自己富有，就叫全家人陪他一块儿去游山玩水，事先叫仆人在路过的街道上，用紫色的丝布做成"步障"，即两边用丝布把路挡起来，形成一条丝布"胡同"，长达四十里。接着王恺一家人在"步障"里撒欢儿似的活蹦乱跳，边叫嚷边玩耍，引得周围百姓好像瞧怪物似的皱着眉头在附近观看这帮在丝布"胡同"里瞎折腾的阔人。"步障"里的"怪物们"一见有人在观看自己，得意得要命，一个个摇头摆尾，别提多神气了。这个极尽奢华无聊的举动，把整个洛阳城都给轰动了。

石崇知道后就更来了劲，对家人说："这有什么了不起的，看我的！"于是他变本加厉地跟王恺比起阔来。他选了几个小妾陪他出去玩儿，后面跟着一大群仆人。他也吩咐仆人们拉上"步障"。众人一见，这回的"步障"可不是丝布的，而是采用的五彩锦缎，足有五十里长。冷眼旁观的百姓实在想不明白，怎么又多了一个比阔的"大怪物"？一些赤脚走路的穷人看了眼睛直冒火，一个个咬牙切齿。

王恺没想到输给了石崇，后悔白扎了那么长的丝布"胡同"。他恼羞成怒地还要接着比试，就向他的外甥晋武帝请求帮助。晋武帝不但没制止，反而觉得这些比赛挺有意思，就把宫里收藏的一株两尺多高的珊瑚树赐给了王恺,好让他这个舅舅在众人面前给他这个皇上也长长脸。

王恺美滋滋地派人把珊瑚搬回家。之后,他叫人抬着珊瑚,得意扬扬地来到石崇家叫板,心想:"这可是皇上御赐的玩意儿,他哪里会有呢?这回他算是输定咯!"石崇眯着眼看了看珊瑚树,就笑嘻嘻地拿起一把铁如意,趁王恺没注意,对准了珊瑚树使劲砸了下去,哗啦一声,珊瑚树成了碎渣子。王恺一看自己的宝贝散了一地,当场气得要和石崇玩儿命。

石崇嘴角一咧,笑着说:"这点儿玩意儿,值得你发那么大火吗?我赔你还不行吗?放心吧,保你满意。"接着他命管家取出家藏的珊瑚树来,任由王恺挑选。不一会儿,管家带着几个仆人扛出来好几株珊瑚树,高的三四尺,矮的两三尺。王恺看傻了眼,没想到最差的也比他的那株要值钱。

石崇指着珊瑚树,满不在乎地对王恺说:"你看看喜欢哪一株,自己随便挑吧。"王恺惊出一身冷汗,只好认输。他盯上一株最大的珊瑚树,心想:哼,今儿个虽然输了,可我还赚了呢!于是他命人抬上珊瑚,匆匆走人。

这场比阔的闹剧传得沸沸扬扬,从此大富豪石崇在洛阳出了名。有个叫傅咸的大臣实在看不下去,就上了一道奏章给晋武帝,说:"这种比阔邪风,愈演愈烈,应当受到严厉责罚,绝不能当成引以为荣的事情。不然必定会毁了国家。"

晋武帝看完奏章,觉得是小题大做,随手把奏章扔在一边,根本就没当回事儿,反而怂恿着石崇、王恺他们,一面加紧搜刮

两晋南北朝故事

民脂民膏，一面变着花样地穷奢极侈。

公元290年，晋武帝司马炎病逝，晋惠帝登基。公元300年，因斗富而臭名昭著的石崇，开始走上了霉运。这一年，石崇的大靠山——肆无忌惮的贾后和她的侄子贾谧，因弄权而杀害了太子司马遹（yù），被西晋宗室给诛杀了。此时，晋武帝的叔叔、赵王司马伦跟他宠信的中书令孙秀控制了京城。

几年前，孙秀曾应邀到石崇的金谷园里做客，其间被石崇的宠妾，一个叫绿珠的美女给吸引住了，接下来他就整日茶饭不思，夜不能寐。尽管对貌美的绿珠姑娘垂涎三尺，却因忌惮石崇的权势，一时没敢轻举妄动。

如今孙秀在京城手握大权，就想乘机将朝思暮想的绿珠占为己有。于是他派出两个差人前往金谷园向石崇索要绿珠。谁知石崇对美人绿珠历来宠爱有加，又不敢得罪有权有势的孙秀，就叫出十几个美女来，让两个差人挑选。

差人不敢做主，一看索要不成，回城后就向孙秀添油加醋地说："小的们一再按大人所嘱，要求接走绿珠姑娘，谁知那个死心眼儿的石崇就是不肯放人，还唤出一群其他女子来打发我们。不瞒您说，小的们看了看，谁也比不了那位绿珠姑娘。"

孙秀一听火冒三丈，气得在厅里踱来踱去。突然他心生一计，干脆指控石崇参与淮南王造反，一旦扳倒了这个老家伙，绿珠不就到手了吗？于是他带兵前往金谷园，捉拿"叛贼"石崇。

就这样，石崇以叛国罪被五花大绑地押走了。绿珠在二楼台阁惊恐地目睹了石崇被抓的那一刻，随后又望见孙秀的眼睛正瞄着自己呢。她自知凶多吉少，一旦被他带走，以后的日子恐怕会生不如死。想到这儿，她当即喊了声："当效死于官前！"众人忙抬头望去，只见她纵身一跃，从高楼上跳了下去，就这样结束了自己年轻的生命。

孙秀看傻了眼，愣了半天才缓过劲儿来。他迁怒于石崇，下令将他押赴刑场斩首。石崇这个晋王朝巧取豪夺的首富、中国古代史上以斗富为荣的魁首，就这样离开了他的万贯家财。

世人不禁感叹，经历了长达近百年的三国混战，西晋王朝最终在尸骨成堆、血流成河的沙场上建立起来。如今国家刚刚统一，就开始急速地走向腐败的深渊。当朝君臣非但没能刹住这股比阔的妖风，反而使它愈演愈烈。为此，这个腐朽的王朝注定快要完蛋了。

第三章 周处除害

晋武帝时期，除了像王恺、石崇这些比阔的豪门官宦之外，还有一批达官贵人，时常聚在一起，喜欢花里胡哨地吹牛。这些大腹便便的官老爷，眼高手低，一天到晚游手好闲，不干一点儿正经事儿，可见当时朝廷的风气糟糕透了。

尽管如此，在官员里头总算还有个实干的人，他的名字叫周处。由于广汉郡（今四川省广汉市北）前任官吏不作为，积压了三十年的案件，都一直堆在那儿没有处理。周处担任太守后，不辞辛苦，认真细致地把这些积案一个个进行审理，有条不紊地完成了所有案件的遗留问题，得到当地百姓的一致称赞。后来周处调到京城任御史中丞，凡是遇到违法犯罪的，哪怕是皇亲国戚，他都要依法惩治，绝不放过。

公元280年，晋国灭了吴国，当时灭吴的统帅王浑到了建业，威风凛凛地接受了孙皓的投降。接着王浑一连摆了好几天的庆功酒，很得意地要让吴国人瞧瞧晋国的威风。一天，王浑在酒席上正喝得兴致勃勃，一抬头，瞧见吴国的降臣们跟没事儿人似的在那里连吃带喝、有说有笑的样子，他就来了气，打心眼儿里瞧不起这些人。他心想，这帮降臣都亡了国，怎么还乐得起来呢？

王浑蔑视地扫了他们一眼，站起来指着吴国的降臣们说："你们这些人哪，唉！叫我怎么说呢？国都灭亡了，照样吃香喝辣的，我就纳了闷儿了，你们怎么一点儿都不难受呢？"话一出口，吴国的降臣们的脸上瞬间燥热起来，再也没人说笑了。王浑又瞥了他们一眼，轻蔑地哼笑了一声，转身坐了回去。

忽然，有个人站起来大声说："将军，您这话不对。谁不知道吴、魏、蜀三国鼎立，后来是魏国灭了蜀国，而晋国又灭了魏国，最后才是晋国灭了吴国。魏国比吴国亡得还早呢！别忘了，您从前可是魏国的将军，怎么也没瞧出您难受呢？您这不是五十步笑百步吗？"

话音刚落，王浑的脸一下子红到了耳根。他本想奚落一下吴国的降臣，没想到自己反倒被人家给数落了。他一时语塞，赶忙干咳了两下，想把说话人的声音给盖过去，接着向大家摆了摆手，装作醉醺醺的样子说："那……那什么，时候不早了，都散了吧！"

那个当面顶撞王浑的人，正是周处。他原是东吴义兴（今江苏省宜兴市）人。年少的时候，正处在吴国战乱的年代中，他从小没了父亲，不爱读书，每天东奔西跑地瞎逛荡，磕磕绊绊的事儿遇上不少，结果养成了脾气暴躁的性格，动不动就挥拳打架，谁见了都不敢惹他。

传说当地的长桥下，有一只大蛟（一种巨鳄）时常出来伤人。邻近的南山上，又有一头白额猛虎，经常危害百姓。这两大害加上周处，被当地人称为"三害"。三害中最令百姓发怵的就是周处。

有一回，周处喝醉了酒，摇摇晃晃地在街上走着，脚下一滑，摔倒在地。正好有个老人打这儿路过，忙把他扶了起来。老人一看是周处，就摇了摇头，叹了一口气。周处纳闷儿地问："你这老头儿可真怪，扶我的时候还好好的，这会儿叹什么气呀？"

老人忍不住又叹了口气，说："你不知道这地面上出了三害，扰乱百姓，永无宁日啊！这三害不除，我怎么可能高兴呢？"

周处问："什么三害？我怎么没听说过？"

老人说："南山上的白额虎，长桥下的巨蛟，还有眼前称霸一方的周儿郎，不就是三害吗？"

周处吃了一惊，原来乡间百姓都把自己比作猛虎、巨蛟。他想不明白，就问："我周处武功高强，本是英雄出少年，怎么反倒成一害了？"

老人哼了一下说："什么武功高强、少年英雄？你能斩蛟射虎，为民除害吗？"

周处说："那算得了什么，哪里经得住我的刀枪弓箭呢？你等着，我非把它们除掉不可。"说完，扭头就走了。

第二天，周处果然带着弓箭，肩背利剑，进入深山老林找老

两晋南北朝故事

虎去了。他刚走到密林深处，就听见有些响动。他警觉地赶紧往旁一闪，躲在一棵大树后面。这时，猛听见一声虎啸，从不远处蹿过来一只白额大虎，朝着周处猛扑过来。周处闪身躲过，立刻拈弓搭箭，瞄得真切，待弓开如满月，嗖的一声，正中猛虎前额。只听"嗷"的一声叫，老虎当场就栽倒在地，抽了几下身子不动了。

周处下山后把射虎的地方告诉了村里的几个猎户，他们马上从山里把死虎扛了下来。村民们听说老虎被灭了，马上围过来看虎尸，不禁又拍巴掌又叫好，都兴奋地向周处祝贺："这回你可做了件大好事！"周处擦了擦汗说："还有一只害人的大蛟没除呢。"众人回头正要问他，却已不见了他的身影。

第三天，周处换上了要下水的行头，只见他身披黑衣，肩扛弓箭，束腰紧匝，手持宝剑，一副江湖剑客的打扮，大步流星地向河边走去。引得一群小男孩远远地跟着他，开心地学起他走路的样子。当周处来到河边，就开始仔细地观望起来。

不一会儿，只见一群野鸭逃命似的游了过来，他正纳闷儿呢，突然水面浪花翻滚，一只灰褐色的长蛟猛地咬住一只鸭子的脖颈，一头扎进水里了。周处看得真切，一个猛子跳入河里，冲着大蛟的方向游了过去。

隐藏在水下的那只蛟，发现有人追来，立即松开鸭子，翻身蹿上来就咬。周处早有准备，双手紧握剑柄，照着它身上猛刺一剑。只听咯吱一声，剑从骨缝中穿过，由于刺得太深，锋利的剑刃从蛟身的另一边冒了出来。蛟受了重伤，疼得一甩身子，溅起一片浪花，夹着宝剑急速地往河的下游逃窜，血染红了江面。

周处一看，那只蛟还活着，赶忙一个鹞子翻身潜入水中，紧随其后。那蛟透着机灵，上浮下沉地拼命逃脱。周处紧追不放，奋力在水中潜游而去，一直追到几十里外的下游。

过了三天，村里都没见着周处的身影，人们叽叽喳喳地议论开了，认为周处和大蛟激战后，一定是两败俱伤，恐怕谁也活不成，没准儿都死在河里了。人群中有为周处惋惜的，也有人觉得没了三害，好歹松了口气。当时，这件事成了最热门的话题。

到了第四天，谁都没想到周处挎着剑背着弓，浑身湿漉漉地走回来了。人们大为惊奇。原来大蛟受伤以后，周处一路追击，最终大蛟游不动了，被周处用剑刺死。

周处回到家里，才发现人们以为他这个"祸害"死了，居然还有人那么高兴。他心想，这能怪人家吗？还不是因为自己以前到处招惹是非，才引起人家的厌恶？于是他痛下决心，离开家乡到了吴郡，去拜访两位很有名望的文士学者，一个叫陆机，一个叫陆云。当他叩门时，只有陆云在家。

周处见到陆云，拱了拱手，直截了当地把自己要痛改前非的想法诚恳地向陆云表白了，末了悔恨地说："我后悔自己觉悟得太晚，把大好年华都白白浪费了。现在想干一番事业，是不是已经太晚了？"

陆云高兴地把他迎进屋内，勉励他说："千万别灰心，一点儿都不晚。既然你已下了决心，只要不断刻苦努力，将来一定会有所成就。"

从那以后，周处虚心地向陆机、陆云学习各方面的学问，开始夜以继日地刻苦用功。天长日久，两位老师的言谈举止对他产生了潜移默化的影响。他平日在和人的交往中，十分注重提升自己的品德与修养。不久，他勤奋好学的劲头得到了老师们的称赞，他也逐渐成为其他年轻人学习的榜样。

过了些年，吴国州郡的官府听说周处不但为民扫除了地方大害，而且虚心好学，效仿圣贤，经常助人为乐，就征召他出任了地方官。后来吴国被灭了，他就当了晋朝的新平（今陕西省彬州市）和广汉的太守，一直做到晋朝京都的御史中丞（负责督察其他官吏的官员）。

第四章 喝点肉粥

晋武帝定都洛阳以后，感到天下总算太平了，于是整日穿着龙袍，在宫里头逛来逛去，开始了花天酒地的奢侈生活。可有一件不如意的事，搅得他心烦意乱，那就是他的二儿子——宝贝太子司马衷，宫里头的人都认为他是个笨得出奇的太子。晋武帝和他祖父、伯父、父亲个个都老谋深算，而太子司马衷与他们相比，却实在差得太多！

已经二十多岁的大小伙子，整天追着宫女们玩儿。大臣们谁也不敢拦，拦也拦不住。大家都心照不宣，装作没看见，可又免不了担心：要是晋武帝一驾崩，让他继承了皇位，天下不乱才怪呢！到时候，大伙儿恐怕都得跟着他玩儿完。

太子的这副德行，可把太傅杨骏急坏了，作

为他的老师，要是照直说会惹皇帝不高兴，只好私下客客气气地对晋武帝说："太子是个单纯的好孩子，只是老朽无能，教学无方，恐怕难以让太子继承大统啊。"司马炎听出太傅在拐弯抹角地说话，心里就犯起了嘀咕：将来把国家交给这个太子能行吗？

此时，有个大臣也感到问题严重，犹豫再三，还是觉得应该提醒一下皇上，就对晋武帝含蓄地说："皇太子为人厚道老实，这是好事。可是现在玩儿心眼儿的人太多，真真假假、虚虚实实的现象司空见惯，要是只靠老实巴交来执政，恐怕对付不了风云变幻的天下呀！"没想到晋武帝瞥了他一眼没吭声，大臣后悔讨了个没趣儿，只好悻悻退下。

尚书令卫瓘一看，太傅和大臣在晋武帝面前都劝不进去，怎么办呢？一琢磨，有枣没枣也得打三杆子，管不管用试试再说，于是亲自出马。他趁着晋武帝举办宴会的时候，假装喝醉了酒，晃晃悠悠地走到晋武帝身边，突然扑通一声跪了下来，结结巴巴地说："臣有……要事……启奏……陛下。"

晋武帝端着酒杯正要喝，突然见尚书令跪到了跟前儿，挺纳闷儿地说："爱卿平身，有什么事就说吧！"

谁知卫瓘在众目睽睽下心里直发毛，怕说出来得罪了皇上，还会被同僚笑话，结果磨磨叽叽地张不开口。晋武帝急了，催促道："爱卿尽管直说，何必吞吞吐吐呢？"

卫瓘这才壮了壮胆，跪着说："这个座位，可是……真龙天子的宝座，实在太……太可惜了！"

晋武帝一听就明白了：卫瓘这是在说太子无能，配不上这个

两晋南北朝故事

皇座呀！他索性也装作半醒半醉的模样，连忙摆摆手说："爱卿……喝醉了吧？瞧你语无伦次的样子，还是快点歇着去吧！"旁人一听，马上把卫瓘扶了出去。只听外面卫瓘远远地还在喃喃自语："实在可惜呀……"

晋武帝知道自己的儿子没什么能耐，到处丢人现眼，但总是侥幸地想着或许还能有救，于是就想考考太子，看他到底行不行。在一次宴会前，晋武帝就把一件还没处理过的公文作为考题，密封后叫人送给太子批复，并且规定，必须在宴会结束前，要太子答完考卷送回。

太子突然接到公文，打开看了半天也没弄明白，就把公文扔在一边，该玩儿什么玩儿什么。这下倒把太子妃贾南风给急坏了。她早就听到风声，宫里的太傅和大臣都对太子不满，要是皇帝公公见了答题不满意，太子的地位可就玄了，万一太子被废黜，自己这辈子就算完了。

想到这儿，她赶紧派人把宫里的一位好说话的老师请来为太子救急。老师不敢推辞，只好快速地扫了几眼公文，立刻提笔，言简意赅地照着皇上的意思，批复得头头是道。贾妃看了，终于舒了一口气，连忙谢过这位宫廷御笔。

贾南风送完客后，正打算叫手下人去交卷，这时有一个叫张泓的小太监在一旁看得仔细，马上拦住说："这份卷子答得文采卓绝，您不觉得写得太完美了吗？皇上明知太子没这个能耐，看了肯定要生疑。万一追查起来，那可就事儿大了。"

贾妃一听直冒汗，忙说："哎呀，亏得你提醒一下，那该怎么办呢？"

张泓说："皇上很清楚太子殿下的才学，阅后肯定认为是在作假，不如答得平实拙朴一些，然后再让太子誊写一遍。"

贾南风一阵后怕，心想多亏了这个小太监提醒，不然非得露馅儿不可。于是她急着说："对对对，刚才都把我给急糊涂了。那什么，你能给改一下吗？改好了包你荣华富贵。"

张泓一听荣华富贵，心里别提多美了。要不是家里穷得叮当响，谁会入宫当太监呢？好在平日他也读过些书，就连连点头，马上提笔重写了一份粗浅的批文，接着就请太子照猫画虎地抄写一遍。

太子正觉得无聊，想溜到后宫找乐子去，蔫蔫地刚蹭到门口，被贾妃一把拽住，说："你先别走，这份答卷可都是为了你日后登基啊！"小太监在一边赶忙哄着说："是啊，是啊！"太子自知理亏，没辙，只好坐下来逐字逐句地抄写。

宴会刚要散，答卷就及时交到了司马炎的手上。晋武帝一看，答卷虽然写得朴拙平淡，倒是有问必答，还算看得过去，不禁脱口而出："谁说太子不行，这不是答得挺好嘛！"他一时高兴得端起酒杯连喝了两盅。

在两侧吃得满嘴流油的大臣们正找不着机会恭维皇上，一看主子龙颜大悦，连忙山呼万岁。这时，正要起身告辞、打算回府歇息的卫瓘和那些太子师，一个个都傻了眼，不禁又呆坐回原处。

司马炎心想，看来太子的脑瓜儿问题不大，并不像大臣们说的那么糊涂呀！好歹是自个儿的儿子，谁说不能将就着用？可见平日这帮老奴就会卖弄自己，对太子完全是小题大做。再说有个猴儿精的儿媳妇在身边，一准儿能为她丈夫把关。打这以后，晋武帝也就放了心。

公元290年，晋武帝驾崩，三十多岁的太子司马衷即位，就是晋惠帝。这下宫里的事就得由他来决策，自然就闹出了不少笑话。

那年初夏的一天，晋惠帝在一群太监的陪同下到御花园里游逛，只听得池塘边的石头缝里响起一片青蛙的叫声。晋惠帝好奇地低下头，张望寻找是哪里发出来的声音，可是半天也没找着。他痴痴地回过头来，问身边的太监："这是什么东西在叫？"

太监答道："回主子，是青蛙在池塘里叫唤。"

他呆呆地又问："这些小东西叫得这么起劲儿，到底是为官家叫，还是为私人叫呢？"

太监们听了有点儿蒙，没想到皇上会问出这么荒唐的问题来，一时谁都答不上来。好在身后有个年岁稍大的太监笑眯眯地迎了上来，然后一本正经地回答："回陛下，青蛙在官地里的，就为官家叫，在私人地里的，就为私家叫。"姜还是老的辣，回答得天衣无缝，总算为大家解了围。

晋惠帝终于听到了答案，乐呵呵地看了一眼那个太监，满意地点点头，心里一下子得意起来，觉得自己问的问题真有学问！至于是为官家还是为私家叫，并不要紧，要紧的是有问有答，才显出朕在不断谋求上进，以促使臣子努力答疑解惑。在这一问一答中，足可见普天之下，皇恩浩荡；君臣之间，其乐融融，凸显出一派太平盛世的景象。想到这儿，晋惠帝不禁飘飘然起来。

有一年，各地闹灾荒，老百姓颗粒无收，到处都有饿死的人。

地方官员把灾情层层上报，公文到了朝廷，大臣们正在商量对策时，晋惠帝百思不得其解地问大臣："好端端的人，怎么会被活活饿死呢？"

大臣们禀报说："因为当地闹灾荒，百姓没有粮食吃。"

晋惠帝脑子一转，一下子又变得聪明起来，说："笑话！没有饭吃，那为什么不煮成粥，再往里头放点肉，叫他们喝点肉粥不就行了吗？哪里还至于饿死人呢？"

大臣们听了，一个个目瞪口呆，哭笑不得。心想：那么多灾民连饭都吃不上，哪里来的肉粥呢？看来晋惠帝的确是没救了。果然，在后来的"八王之乱"中，晋惠帝被赵王司马伦轻易地篡夺了帝位。

第五章 八王之乱

虽然太子的答卷总算在皇上那儿过了关,可是去世前的晋武帝,整天躺在榻上还是犯嘀咕,心里一直在为自己的儿子纠结:万一哪天自己驾崩,这个孩子扶不起来怎么办呢?想来想去,终于有了主意。于是就立了个遗诏,要皇后的父亲杨骏和他的叔父汝南王司马亮一起辅佐太子。

谁知这么一来,弄得杨骏很不高兴。他寻思着:司马亮手握军权,他要是一来,我不就什么都得听他的了?到那时,还有我这个国丈什么事啊?想到这儿,他就把诏书私自扣下了,然后封锁消息,绝不让人通知司马亮进京。到了晋武帝临死的时候,只有这个国丈在身边。

杨骏为了独揽大权,秘密地和杨皇后串通起

来，伪造了一道指定由杨骏单独辅政的遗诏。诸侯亲王们都觉得事出蹊跷，认为这里边一定有鬼，就一边盯着朝廷的动静，一边在暗中准备。在这时候，晋朝分封制的问题就暴露出来了。

原来，晋武帝灭吴一统天下后，生怕一些外戚大臣仿效他的父辈，就像篡夺魏国皇位那样取代晋朝。于是他想尽办法扩大皇族的势力，把自己的叔叔和兄弟都加封为王，一下子封了二十七个王爷。这些王爷都握有军队，拥有自己的封地。他认为这么一来，朝廷万一出了什么乱子，分封在各地的王爷，一定都会出兵来保卫本族皇上，还愁自己坐不稳江山吗？他哪里知道，这么多王爷各怀鬼胎，有谁能不惦记皇帝的宝座呢？

晋惠帝登基后，册封贾南风为皇后。他自己除了饱食终日、无所事事以外，还经常闹点儿笑话、出点儿丑，若是实在闲得发慌，就溜到后院去和宫女嬉戏一番，逛逛御花园，逛腻了再招猫逗狗地耍一耍，听听蛤蟆叫什么的，也就不闷得慌了。这期间，一切国家政事都由杨骏独揽。

贾皇后瞧见自己的夫君整日浑浑噩噩，的确是块麻绳提不起来的豆腐，感到十分懊恼。要说嫁错了人，人家可是当今的皇上；要说没嫁错，又偏偏嫁了个废物。她心里一琢磨，与其帮着这个废物理政，还不如自己来掌权，反正无论什么事，都不能由杨骏一人说了算。于是，她秘密派人跟汝南王司马亮、楚王司马玮联络，打算要他们带兵进京，讨伐杨骏。

没想到司马亮胆小怕事，一听要举兵，心里直打鼓，吓得没敢答应。那边司马玮倒是痛快，已经带兵赶到洛阳来了。贾皇后这边有了楚王的支持，腰杆一下子硬了不少。公元291年，贾皇后就指使人告发杨骏。告他什么呢？欲加之罪，何患无辞？指控他企图谋反就是了。

晋惠帝那儿好糊弄，说什么是什么，稀里糊涂就下了诏书，派司马玮带兵包围了杨骏的府邸。杨骏突然被五花大绑，挣扎着直喊冤，执意要官兵们拿出他谋反的证据来。有个武将立刻上前，二话没说，一刀就把他杀了。

杨骏一死，跟他一伙的杨太后也就被废了。贾皇后一寻思，自个儿要是现在出头露面，别人准不服气。于是她把司马亮请了来，让他和老臣卫瓘来掌控大权。她心想，这个胆小鬼当初不肯来帮忙，什么力气也没出，现在请他来京都，白白做个现成的官，他一定会感恩戴德、服服帖帖的。没想到司马亮来了以后，什么事都和卫瓘商量拿主意，根本没把她这个皇后当回事，这可把她气得直咬牙。

司马玮因为没得到重用，心里正闹别扭。贾皇后看在眼里，又心生一计，使了个毒招儿。她鼓动晋惠帝下诏，命令司马玮去除掉司马亮和卫瓘。司马玮被皇后利用过一回，还没顺过气来，这次就多了个心眼儿。他一琢磨，这杀人的活儿还是当面问清楚才踏实，于是就想求见晋惠帝。

不料，贾皇后居然猜出了他的心思，立刻派了个太监出来对他说："皇上给你的可是密诏。你非要进宫跟皇上对证吗？大臣们可都在殿上呢，你不怕泄露秘密吗？要知道，这泄密的事可是死罪呀！"

马司玮听了惊出一身冷汗，心想：皇上皇后还是很重用我的，不然除掉奸臣的事，怎么不派别人干呢？看来是自己多虑了，不过，要动手还得赶紧。为了表功，他马上派兵把司马亮和卫瓘两家子的人都杀了。要说贾皇后的这个铁杆儿伙伴可真够卖力气，当初进京扳倒了杨骏，如今又充当了一回连环杀手，瞬间要了两个权贵的命，为贾皇后专政扫清了障碍，功劳自不在话下。

马司玮正得意地等着领功受赏呢，没想到当天晚上，贾皇后马上宣布了楚王司马玮假造皇帝诏书，擅自杀害汝南王和朝廷重臣卫瓘，把他办了死罪。司马玮这才明白自己又上了当，接了个掉脑袋的差事，大呼冤枉。朝臣们不禁在私下议论：谁叫这家伙不问青红皂白，一味替这个蛇蝎女人充当刽子手，自愿做个唯命是从的奴才呢？这回轮到自己被砍头了吧，该！

打那以后，朝廷上没有了辅政的大臣，名义上是晋惠帝当朝，实际上是贾皇后大权独揽。她为晋惠帝生了四个公主，但太子不是她生的。贾皇后担心自己杀了那么多人，太子成人后，说不定要找她算账，趁他现在还小，就千方百计想除掉太子。

公元299年的一天，贾皇后把太子请来喝酒，没多大工夫，就把他灌得醉醺醺的，然后连夸带哄地说，要看看太子的字写得怎么样，接着拿出一封事先准备好的书信让他抄写。这封信是贾皇后叫人以太子的口气写的，里面都是逼迫晋惠帝退位的话。太子迷迷糊糊地抄完信就睡着了。第二天上朝，贾皇后让晋惠帝召集众臣，然后把太子写的信交给大臣们传看，接着宣布太子谋反。就这么轻而易举地把太子给废了。

故事里的中国历史

贾皇后的专制暴戾，滥杀无辜、阴谋废黜太子等恶劣行径，引起了司马家族诸王的愤怒。300年三月，掌握禁军的赵王司马伦联络了京城里的一些大臣，打算废黜贾皇后而重立太子。贾皇后得知后，又玩起了老花招儿，借口太子谋反，立即杀死了太子，以为这样一来，就能打消王爷们立太子的意图。岂料适得其反，太子一死，激起了宗室诸王的反抗，这长年累月包着怒火的纸终于烧着了。同年四月，赵王司马伦、齐王司马囧等率兵入宫，诛杀了贾皇后及其同伙数十人。

司马伦掌握政权后，封自己为相国。没多久，就干脆把晋惠帝软禁起来，圆了自己做皇帝的梦。为了笼络朝臣，巩固自己的统治地位，他大封文武百官。那时，当官的官帽上都用貂的尾巴做装饰。新皇帝上位，封的官实在多得不行，以致官库里的貂尾用尽了，只好到民间去找一些狗尾巴来凑数。"狗尾续貂"这个成语就是这么来的。

各地的诸侯王听说赵王司马伦做了皇帝，都想来夺这个皇位。于是，诸王之间就展开了激烈的争夺。算上已经被杀的汝南王司马亮、楚王司马玮，历史上称为"八王之乱"。

从贾皇后篡权开始，引发了西晋宗室之间为争夺皇位而互相残杀的血腥混战，你争我夺延续了十六年，眼看西晋王朝日渐衰败。到了306年，这原先的八个王，打到最后就剩下一个东海王司马越了。相传，这个司马越也是个狠辣的主，见呆头呆脑的晋惠帝碍手碍脚的，索性就于307年毒死了他。同年，司马越立了晋惠帝的弟弟司马炽（chì）为帝，这就是历史上的晋怀帝。

第六章 男士比美

"八王之乱"引发了连年征战,给百姓造成了巨大灾难,在这朝不保夕的日子里,许多人背井离乡,开始了逃荒的生活。而另有一些文人学士,产生了及时行乐的念头,什么先哲的孔孟之道、仁义礼智信等规矩和礼仪,在他们看来,那不是捆住了自己的手脚吗?于是索性都抛到了一边,取而代之的是自由自在地听从自己的感观和性情,展开了对形式美的狂热追求。

在此期间,有些士人还提出:现在重美不重德。结果社会上一度形成了比美的风气。在那个美男比美女还要令人瞩目的年代里,有两个比较出名的美男子,他们叫潘岳和卫玠(jiè)。

潘岳,字安仁,小字檀奴,俗称潘安,西晋

时期著名诗人、文学家，也是中国古代有名气的美男子，后世文学中有"檀奴"或"檀郎"的说法，成了俊美情郎的代名词。一些文人墨客也常以"才如子建，貌若潘安"来形容才貌双全的青年男士。潘岳不仅长得俊美，而且才华横溢，在当时的洛阳城里尽人皆知。

潘岳年轻时，时常乘坐马车到洛阳城外游玩，路边有一些女人一旦瞧见他，顾不上害羞，反而着了迷似的跑到路边争相观看。有的妙龄少女见了他，也会忘乎所以地跟在他的马车后面走，吓得潘岳常常不敢出门。有的姑娘难以接近他，就趁着潘岳驾车出游的时候，往潘岳的车里扔绢帕什么的。绢帕本是传情的信物，投出去又轻飘飘地落下来，还得再捡回来，姑娘们觉得挺没面子，于是又改抛各种水果了。等潘岳到家后一看，自己乘坐的车子快成拉水果的车了。后来，民间开始流传"掷果盈车"这个成语，用来形容美男子受到女人们的爱慕和追求。

潘岳每次上街都能装一车水果回来，让周围人羡慕得要死。当时有两个比较出名的文人，一个叫张载，另一个叫左思，看得心里不服气，又实在眼红，就来了个行走"模仿秀"。张载因为长得丑，就想好好学学潘安走路的样子，至少能提升一下自身的气质。运气好的话，没准儿还会让哪家的闺秀看上了，那该多美呀！

张载练了没几下子，就忍不住走上大街，迈开步子晃晃悠悠地颠起来了。好不容易看见两个肩并肩的姑娘，柔声细语地迈着小步迎面走来，张载好像突然掉在了云彩里，不由自主地晃悠得更厉害了。这俩姑娘见了，吓了一跳，以为这个丑八怪在装疯卖

故事里的中国历史

傻，成心吓唬她们。于是她们捡起碎石、土块向他抛过去，弄得他狼狈不堪，窘得扭头逃回家，反手把门一摔，愤愤不平地说："这俩傻姑娘，少见多怪，真是不识货！"

说起左思的貌丑，跟他所撰写的《三都赋》一样出了名。他这么一个大文学家，也不甘寂寞，写文章累了，就琢磨着潘岳的步伐，凭着记忆，亦步亦趋地在家里练起来了，心想：等到出游的时候，不敢说会有姑娘追，但起码欣赏自己的人不会太少吧？

两三天后，他满怀信心地上了街，哪里女人多就往哪里去。可也不知怎么了，一路上，他也没见着一个女子注意自己。他心想，就算白走一回，也没什么关系，正要转身回家，不料被一群少妇盯上了。她们居然看出他是在刻意学潘岳走路的样子，都忍不住哄笑起来。这时，她们身旁的孩子们也顽皮地跟着追赶起哄。他一看情况不妙，只好还原自己的走路的姿势急速往家走，谁知后面笑得更厉害了。他无奈地边走边摇头，没好气地自言自语道："唉，这些无聊的女人，一点儿都不可爱！"

这两个人尽管在文坛上有很大的影响力，没想到一个个成了"东施效颦"，在一片女人的嘲笑声中栽得不轻。这下倒好，人家潘岳的名声更大了。

尽管有那么多女人喜欢潘岳，可他一生对妻子杨氏情真意切，始终如一。二人相濡以沫，互相关爱，一同走过了二十多个春秋，让所有欣赏潘岳才貌的女子，都产生一种"只羡鸳鸯不羡仙"的感慨。

也许是天妒良缘，在潘岳五十一岁那年，他的爱妻杨氏突然撒手人寰，离他而去。随后潘岳一直在丧妻的痛苦和对亡妻的思念中久久不能自拔。一年之后，潘岳满怀深情地写下了《悼亡诗三首》，开辟了中国悼亡文学的先河。这首诗中倾注了他对亡妻深深的追思之情，人们阅后不由得掩卷伤怀，不忍再读。

另一位美男子就是卫玠，字叔宝，河东安邑（今山西省夏县）人。他祖父就是除掉邓艾父子的卫瓘，在晋惠帝时做过太尉；他的父亲卫恒，当过尚书郎，又是有名的书法家。官宦出身的卫玠，自幼清俊洒脱，走在洛阳街上，远远望去，好像白玉雕琢的塑像，为此，人们称他为"卫璧人"。

他的祖父卫瓘曾说："这个孩子与众不同，长得白璧无瑕。可叹老夫已经年迈，恐怕看不到他长大成人的样子了。"在那个注重美男如玉、崇尚阴柔之美的年代里，卫玠成了洛阳城里的香饽饽。

有一次卫玠和母亲去舅舅王济家串门，他舅舅平日里风度翩翩、相貌英俊，是个有名的大帅哥。不料，王济见到这位年轻的外甥却惊呆了，不由得自惭形秽地说："别人都夸我容貌过人，可比起外甥来，我就没法儿看了！"打这以后，他就常常带着卫玠到处游玩，见了朋友就说："和外甥卫玠一起出游，就好比有一颗明珠在身边，光彩照人啊。"这话很快就传开了，于是卫玠又多了个雅号，叫"玉润"。

冠以"玉润"的卫玠还是一个玄学行家，论起老庄玄学来，居然使当时的辩论高手王澄相形见绌，几轮舌战下来，把王澄憋得够呛，自叹才貌均不如人，不得不甘拜下风。

"八王之乱"前夕，卫瓘一家遭到楚王司马玮的屠杀。幸好卫玠跟他的兄弟因病住在医生家，保住了性命。没几天，楚王司马玮被贾皇后利用完后杀掉，卫家这才得以平反。此时，"八王之乱"已经把西晋王朝折腾得奄奄一息，北方胡人又乘机侵扰中原，于是天下大乱。卫玠费尽口舌劝说母亲南下避难，最终母子二人逃了出来，总算躲过一劫，但是他的兄弟愣是不肯走，结果死在了战乱中。

此后一家人辗转来到大将军王敦镇守的豫章郡。王敦见他一表人才，器宇轩昂，很是赞赏，但卫玠眼见王敦杀戮同族兄弟，感到此人野心勃勃，绝不是可以投靠的人。于是他在府中待了没几天，就匆匆告辞，奔向建康（今江苏省南京市）。幸亏卫玠走得及时，没过多久，王敦果然聚众造反，末了遭到了镇压。卫玠和家人又躲过了一劫。

建康的女人们听说京城的美少年卫玠来了，很快轰动了全城。大家都想一睹卫玠的风采玉容，于是拥上街头，将卫玠路过的街道围了个水泄不通，以致造成车马难行，交通瘫痪。

可怜的卫玠此刻被里三层外三层的人围得透不过气来，他只感到一股股混浊的气体袭来，令他窒息得不能言语，最终也不知染上了什么病，回家没几天就死了。

人们不禁扼腕叹惜，一边念叨着天妒英才，一边回想着"卫璧人"风姿卓绝的样子，纷纷嗟叹年仅二十七岁的"玉润"真是蓝颜薄命，怎么就驾鹤西去了呢？此后，就留下了"看杀卫玠"的典故。

第七章 撰《三国志》

西晋时期,涌现出一位叫陈寿(233—297年)的著名作家,字承祚,蜀国巴西安汉(今四川省南充市北)人。他从小就生长在书香门第的家庭里,父母不惜重金,专门为他修建了读书的地方,叫"万卷楼",并且聘请了当地的名师来辅导他。陈寿从小就对历史书籍很感兴趣,聪慧好学的他在少年时代,就已经通读了西汉学者伏生誊写的《尚书》和孔子编撰的《春秋》,又潜心研读了西汉司马迁的《史记》和东汉班固的《汉书》,从中得到了很多养分,逐渐熟悉了写作史书的方法。后来他通过对这些史书的深入研究,所写的文章质朴无华,深得长辈们的称赞。

自汉末黄巾军起义,中国经历了百余年的分

裂，直到西晋灭吴后才重新统一。为了记录和总结三国时期的这段历史，陈寿脱颖而出，承担起了这个艰巨而有意义的工作。由于生活的时代离三国不远，他耳闻目睹了不少事件，这为他编写三国历史提供了很多便利。为了进一步核实史实，他不辞辛苦地大量搜集、整理三国时期的档案文献，四方寻访历史人物的踪迹，开始编纂《三国志》这部巨著。

在陈寿写《三国志》的过程中，发生了一段曲折的故事。由于他事先做了大量的准备工作，一开始写作时还比较顺利。可是到了后来，陈寿写着写着就停笔了，不断在书房里来回踱步，皱着眉头陷入了沉思。这是怎么回事呢？

原来，陈寿正写到"诸葛亮传"这一篇时，碰巧来了一位亲戚，他开门见山地问陈寿："你打算怎样写诸葛亮这个人物呢？"

陈寿回答说："诸葛亮是一位功不可没的历史人物，照实写呗。"他的亲戚一听就没好气，责怪他说："亏你还是陈家的人，怎么就忘了家仇呢？"

要说这家仇，还得从建兴六年（228年）诸葛亮北伐时说起，当时被任命为参军的马谡不顾同僚的竭力劝阻，自作主张，执意违背诸葛亮的作战指令，结果导致街亭失守而打了个大败仗。蜀军撤退后，马谡由于事先向军师诸葛亮立下军令状，最后被处死在狱中。

不久，马谡的一个参军为此受到牵连，被施以一种侮辱性的惩罚，称为髡（kūn）刑（古代一种剃去男子头发的刑罚），这个参军就是陈寿的父亲。

后来，陈寿的父亲被逐出军营，老人家始终认为这是自己一生的耻辱。不久他又遭到蜀国太监黄皓的迫害，晚年生活过得很凄凉。陈寿家族认为家门败落到这个地步，都是诸葛亮造成的。为此，一家子都怨恨他。此时，这个亲戚喋喋不休地数落了一番诸葛亮，陈寿听完后内心充满了矛盾。

长久以来，陈寿始终认为诸葛亮一生励精图治，正像他在《出师表》里写的那样，辅佐汉帝，南征北战，呕心沥血，死而后已，是一位了不起的人物。按理说，应该如实把这些事迹都写出来，可又一想自家人的遭遇，这可怎么办呢？

陈寿想了半天，如果照实写，亲戚们绝对不会给他好脸看；要是昧着良心贬低心目中的军师，自己又实在做不到。内心矛盾的陈寿，此时心中已被那个亲戚搅成了一锅粥，一时半会儿怎么也拿不定主意了。他索性停下笔来，打算把自己的思绪好好梳理一下，等理清楚了再动笔。

没几天，一位书友来看他。陈寿正憋闷得慌，就把心里的苦恼全都说了出来。那位书友听完沉默了片刻，然后直截了当地说："兄长可知，司马迁写的《史记》，正直公允，准确无误，没有奉承与讹传，只有史实，因此多年来得到人们的称赞。兄长这部《三国志》立意非常好，是否也应该这样写呢？"

书友的一番话，语重心长，使陈寿豁然开朗。他心想：作为一个历史学家，首先应做到诚实无私。当年司马迁宁肯得罪皇上，也不愿歪曲历史，只有尊重事实，如实记载，这才是伟大的史学家。如今我岂能为私人的恩怨而歪曲历史呢？那不成为千古罪人了吗？

幡然醒悟的陈寿，顿时解开了心中的疙瘩，打消了顾忌，重新开始奋笔疾书。当写完书中重要的"诸葛亮传"时，他心安理得地长舒了一口气，感到问心无愧。

经过近十年的艰苦努力，陈寿终于完成了《三国志》的编纂。之后，陈寿又多次进行了修订和补充。全书共65卷，含《魏书》30卷、《蜀书》15卷、《吴书》20卷。

全书上自公元220年，下至公元280年，是继《汉书》之后的又一部纪传体的断代史学巨著。它开篇从汉末写起，一直到晋朝的兴起，简要记叙了自汉末至晋初这六十年来中国由分裂走向统一的历史全貌，其间风云变幻，令读者感慨万千。后来的史学界把《史记》《汉书》《后汉书》和《三国志》并称为前四史，成为我国纪传体的史学代表作。

公元297年，陈寿病逝于洛阳，享年六十五岁。在他的一生中，把主要的精力和心血都投入到了《三国志》的编撰之中。成书之后，文人学士们极力向朝廷推荐《三国志》，更有一些朝中大臣向晋惠帝上疏："臣等一致认为，已故治书侍御史陈寿所著的《三国志》，质朴无华，内容多有劝诫之辞，尤其阐述前朝的是非得失，对当朝天下的教化大有裨益，遂恳请陛下采录其书。"

晋惠帝随后诏令河南尹、洛阳令派人到陈寿家去抄录该书，并收入宫中保存。后来该书成为大小官吏必修的史书。

《三国志》的后世版本有很多，其中南朝裴松之的《三国志注》最为有名，他博采众书达一百五十余种，为《三国志》补充了大量史料，进一步丰富了该书的内容，提升了它的史料价值和历史价值。

由于陈寿做过晋代朝臣，而晋朝是传承魏而得了天下，为此《三国志》里始终尊魏为正统，并在《魏书》中为曹操写了本纪，而《蜀书》和《吴书》只有传，没有纪。比如记刘备为《先主传》，记孙权为《吴主传》。显而易见，这是体现了作者的立场，也体现了《三国志》在形式上采取了相对独尊一方的叙述方法。

值得称颂的是，西晋时期的他，始终以清晰的视角来阐述三国割据时期南北征战、民不聊生的历史，展现了他非凡的才能和持之以恒的精神，使《三国志》得以撰写完成。

其中难能可贵的是，陈寿尽管在名义上尊魏为正统，但实际上却以魏、蜀、吴三国鼎立的史实为基础，如实地再现了它们各自为政、互不统属、地位相同的史实。从记叙的方法来看，《先主传》和《吴主传》，均采取以事件为主干的编写手法，与本纪基本相同。

《三国志》的记事比较简略，这与作者掌握的史料多少有关。陈寿撰写的《三国志》属于当时人写的当时史，是他亲身经历、耳闻目睹了各种事件，以自己的切身感受，尽其毕生精力创作出来的。《三国志》至今走过了一千七百多年的历史长河，影响着此后历朝历代的史书撰写者。

如今位于四川省南充市玉屏山麓中的万卷楼，是陈寿少年成长和晚年归隐的地方。这座始建于蜀汉建兴年间的万卷楼，为三重檐式木石结构建筑，唐代时又在楼前新建了甘露寺，形成了汉唐风格的建筑群,具有气魄宏伟、严整开朗的风格特点。由于年久失修,该楼于1990年进行了重建。

重建后的万卷楼倚山而立,气势恢宏,占地面积一百多亩,由陈寿读书楼、陈寿纪念馆、藏书楼组成。在万卷楼的门框上,有副盛赞陈寿的楹联:"千秋笔写千秋史,万卷楼藏万卷书"。

第八章 李特起义

晋惠帝统治时期，由于朝廷昏庸腐败，加上连年的天灾，各地先后闹起了饥荒，民众生活在水深火热之中，农民们成群结队地背井离乡，四处逃荒。那时，朝廷把逃荒的农民叫作"流民"。公元298年，关中地区连续几年闹天灾，农民颗粒无收，十几万人逃荒到了蜀地。氐（dī）族人李特和他的两个兄弟李庠（xiáng）和李流，也带着本族的流民一起逃往蜀地。

当年曹操攻克汉中后，李特的祖父李虎带领五百多户人家归附了曹军，被曹操拜为将军的李虎，后来率族人迁移到略阳以北地区（陕西省汉中市以北，与甘肃省接壤），号称巴氐。李特的父亲李慕，官至东羌猎将，擅长骑射。自祖辈李虎以来，李氏已成为略阳氐人的望族。

李虎的三个孙子由于从小受到祖父的影响，个个都精通武艺。父辈们的大家风范，使孩提时代的哥儿仨耳濡目染，长大后一个个为人豪爽，助人为乐。为此，同州有很多人都归附了他们。

哥儿仨在逃荒的路上，看到一些忍饥挨饿、拖着病身走不动的流民，就尽力接济和照顾他们。流民们见了，都打心眼儿里感激李家兄弟。不久，各地来投奔的流民越来越多，队伍也越来越大。进入蜀地以后，赶上当年的收成不错，又远离中原司马氏王族的八王战乱，百姓生活比较安定，于是他们就分散到各地，靠着给富人家打工来维持生活。李特兄弟们到了绵竹后就安顿了下来。

这些来到蜀地的流民有不少是同族同乡的，他们在艰难的逃荒途中，相互扶持，结下了深厚的友谊。虽然眼下为了养家糊口而各自奔波，四处打工，但彼此之间仍然相互牵挂，始终保持着友好往来。久而久之，在蜀地社会中形成了一股不小的民间力量。当时李特、李流他们，因率领流民讨伐益州（川西部分地区）反叛的刺史有功，被朝廷临时命为准将军，但只是给个名分，手里并没有兵权。

原来，益州刺史赵廞（xīn）与西晋皇后贾南风有姻亲关系，惧怕遭到连坐，于公元300年十一月率兵谋反，并自称大都督、大将军、益州牧，建元太平。时任梁州刺史罗尚闻讯后上表说："赵廞不是个有雄才大略的人，蜀地人民也不会归附他，他的灭亡指日可待。"朝廷为了加强对蜀地的管控，就任命罗尚为平西将军，又派他赴成都任益州刺史。

这时，在成都称帝的赵廞开始忌惮这位昔日部下的骁勇战将李庠，在"鸟未尽、兔未死"的情况下，就急不可耐地"藏弓、烹狗"，将李庠杀了，而这位无端被害的猛将正是李特的亲兄弟。这一来，李特能不为弟弟报仇吗？

于是不到半个月，李特的兵马势如破竹，兵临城下。众叛亲离的赵廞，在愧疚与惊悸中弃城而逃，最后死于自己的随从之手。这个昙花一现的太平政权，仅仅才三个多月，就随风而逝了。

此后，新任的益州刺史罗尚到了成都。他四下巡察，发现李特兄弟家族在当地很有势力，许多当地百姓都依附他们，心里不禁犯了嘀咕：要是现在不对他们严加控制，没准儿将来有一天，他们就会犯上作乱，到时候局面万一失控，那还了得？

罗尚回府和左右一商量，就派人通告李特，限流民们七月前必须离开蜀地。更为苛刻的是，罗尚明明知道流民们经过两三年来的艰苦劳动，手头上有了点积蓄，就想趁机敲诈一下，竟然派兵在流民回乡的蜀道上设立关卡，以检查逃犯为名，企图克扣流民的随身财物。流民们得知官府要逼他们离开蜀地，家乡又偏偏在闹饥荒，回去可怎么活呀？为此，人人愁得叫苦连天。

这期间偏偏又赶上了雨季，一天到晚雨下个不停，户外打工的活儿几乎很难找到。再说庄稼还没到收割的时候，哪里去筹回乡的盘缠呢？流民们苦不堪言，殊不知官吏们还等着半道劫财呢！

罗尚的左右一看雨下起来没完没了，就劝他再宽限百姓一年，但罗尚却听从了属下广汉太守辛冉的鬼主意，压根儿没把百姓的疾苦放在眼里，决意不肯延期。

李特非常同情流民的困境，多次向刺史罗尚请求留下这些流民，可罗尚就是不松口。流民们知道李特才是保护他们的人，都铁了心跟着李特。消息一传开，远处又有很多穷人来投奔。李特就在绵竹搭建了很多营帐，并设立粥棚来接济他们。不到一个月，就聚集了两万多人。

这时候，广汉太守辛冉看到李特的实力日益强大，就和亲信商量说："罗尚想贪钱，却又不敢下手，一天天拖下去，只能让这帮流民的队伍越来越壮大。再说李特兄弟可不是等闲之辈，我们要是老跟他们这么耗着，迟早要成为他们的俘虏。现在需要马上做出决定，没必要再向罗尚请示了。"

这个黑心的太守一说完，就派遣步兵、骑兵共三万人，去袭击李特的营地。罗尚听说后，为了搜刮流民的钱财，趁乱分一杯羹，居然也派兵前往偷袭。

此时，辛冉兵营里有个当差的人跟李特是同乡，早把消息暗地里传了出来。李特将计就计，做好了一切应战的准备。辛冉和罗尚各怀鬼胎，不谋而合地纷纷计划偷袭。当晚，两支晋军不声不响地摸进了李特的营地，只见李特跟没事人似的，安然自若地敞着怀，十分悠闲地斜靠在大营的座椅上。

晋将一看，以为势在必得，马上一声号令，士兵们一窝蜂似的开始猛攻大营。当黑压压的三万晋军刚刚踏进营地周围，突然四面八方响起了震耳欲聋的锣鼓声，惊得晋军慌作一团。

原来，大营周边早已埋伏了两万流民，个个手持长矛大刀，此时突然冲杀出来。这批苦难深重的流民势不可挡，个个以一当十，

故事里的中国历史

〇五〇

勇猛无比。晋军没料到会遭到埋伏，吓得不知所措，结果被流民杀得丢盔弃甲，四下逃窜。有几个晋将被团团围住，有几支矛枪投射过来，当场就没了命。

这时，罗尚没好气地对手下将领说："这些流民被辛冉逼得终于成了气候，这下倒好，没打败他们，反而助长了流民的气焰。现在更不能坐以待毙了！"说完就马上和左右谋划起来，打算用计谋除掉李特他们。

豁出命的流民们终于杀散了晋军，但他们深知晋朝官府肯定不会善罢甘休，于是纷纷请求李特替他们做主，带领他们继续抗击官府。

大家一商量，一致推举李特为镇北大将军，李流为镇东将军，各地流民首领都被推为将领。他们分别准备粮草，秣马厉兵，一时军威大振。没过几天，就攻下了附近的广汉，狡猾的太守辛冉闻风而逃。李特大军攻进城后，一边安抚民心，一边开仓放粮，救济当地的贫苦百姓。

蜀地的百姓平日受尽了晋朝官吏的压迫，如今看到李特的军队纪律严明，又都是穷苦人组成的队伍，互相一聊，就跟一家人似的知冷知热，终于松了口气，放下心来过起了往日的平静生活。

益州百姓深知罗尚为人贪婪奸诈，如今被赶跑了，都壮着胆子说："尚之所爱，非邪则佞；尚之所憎，非忠则正。"随后又编了一个歌谣："蜀贼尚可，罗尚杀我。平西将军，反更为祸。"

罗尚一看跟李特硬拼占不着便宜，就一面派使者假装向李特求和，以争取时间；一面暗地里勾结地方豪强势力，在求和的幌子下秘密围攻李特。李特没料到罗尚原来是假求和,不幸身陷包围,虽奋起反抗,连杀数敌,终寡不敌众,倒在血泊中牺牲了。他的儿子李雄继承了父亲的遗愿,继续率领流民跟官府进行斗争。

304年,李雄占领了大片蜀地,自立为成都王。两年后,定国号为大成,自称皇帝。338年,李雄的侄子李寿登基,第二年,改国号为汉,史书称为"成汉"。

第九章 灌娘请缨

　　李特领导的流民起义,像一阵风似的带动了各地的农民起来起义。地方豪强趁机争相割据地盘,叛党乱贼也开始伺机行动起来,西晋王朝在内忧外患的情况下,加速走向了灭亡。

　　晋愍（mǐn）帝建兴元年（313年）,襄阳太守荀崧（东汉末年曹操手下最杰出的谋士荀彧的后代）由于政绩显著,升为平南将军,调往宛城（今河南省南阳市）驻守。他原是赵王司马伦的相国参军,"八王之乱"初始,荀崧一家被卷入了这场混战。后来当他奉命镇守宛城时,尽管天下大乱,他仍每天兢兢业业,继续行使他作为父母官的职责。

　　当时兵荒马乱,各地形成了很多股叛贼和盗

匪，其中势力较大的叛军首领叫杜曾，他在荆州叛乱后，招募了不少各地流窜的匪寇，不断骚扰各个州县，奸淫掳掠，无恶不作。由于朝廷连番围剿，公元317年三月，杜曾率两千多人马流窜到宛城一带，想夺取这个富庶的地区，作为他的根据地。

顿时，昔日平静的宛城乌云滚滚，只见杜曾带领两千多贼兵呼啸而来，一窝蜂似的包围了这座城池，并在城外大肆叫喊，勒令荀崧将全城百姓的钱财和粮食在限期内如数奉上，不然就攻打宛城，并扬言破城后先杀掉荀崧，接着再杀那些敢于反抗的军民。

一向为人正直的荀崧，平日里访贫问苦，体察民情，时常想着为百姓做事，这会儿怎么可能向叛贼屈服呢？他俨然站在城楼上，大声怒斥杜曾，同时命令城内仅有的一千官兵全部披挂上阵，准备抵抗叛贼的进攻。

杜曾没想到被荀崧当众骂了一顿，气得火冒三丈，立即命令部下搭上云梯，向城里发起攻击。荀崧亲自督战，指挥守城将士奋起抵抗。只见一架架云梯被愤怒的守军撞离城墙，眼看着向后重重地仰翻倒地，叛军们被摔得遍体鳞伤。

杜曾见了恼羞成怒，下令围城，想把城内的军民统统困死。由于荀崧平时为官清廉，凡事为百姓着想，深受当地百姓爱戴。此时百姓们和守军将士同仇敌忾，奋力抵抗，接连打退了叛军数次进攻。杜曾依然不断强攻。荀崧见对方兵势强大，就命令兵士坚守不攻，等待援兵。

时间一天天过去，叛军不仅越围越紧，还不断攻城叫战。眼看城里的粮食快吃完了，弓箭也快用尽了，伤亡人数一天天增多，战斗力越来越弱，如果再拖下去，很难守得住，形势万分危急。

荀崧赶忙召集手下部将商议，反复讨论各种解围办法，可是谁也没想出个好主意来，一时鸦雀无声。荀崧说："我们不能坐以待毙，只能派人突围出去，向襄阳太守石览求援才是当务之急。当年石览是我的部下，为人重义，要是得知我们的处境危急，一定会发兵来救援。"

大家听了都纷纷表示赞同，可是谁愿意突破重重包围去送信求援呢？众将心里都明白，突围求援命悬一线，任务十分艰巨且危险。于是他们面面相觑，都不作声了。荀崧双眉紧蹙，感叹不已。末了，一筹莫展的他决定亲自上阵，站起来说："眼下十万火急，如果没人去的话，那还是我去吧。"

话音刚落，一个清脆的声音传来："宛城不能没有爹！"只见一个女孩儿疾步从屏风后面闪了出来，荀崧定睛一看，原来是自己十三岁的女儿荀灌。众人连忙附和："是啊，灌娘说的没错。"

"爹是一城之主，身负指挥重任，将士和百姓绝不能少了您。为此，灌儿愿带兵突围，速往襄阳投书请援！"此时小灌娘提高了嗓门儿。

荀崧听了一愣，尽管女儿从小跟着自己习武，练就了一身好功夫，舞枪弄棒样样不含糊，但毕竟是自己的掌上明珠，哪里舍得啊！何况她人小力单。于是他马上拒绝了女儿的请战要求，说："满厅将士都不敢担此重任，你一个小丫头，怎么能突出重围，又怎能抵挡贼兵的追杀呢？"

只见小灌娘胸有成竹地走上前说："女儿虽然年幼，但练就了一身武艺，突围时正好能用上啊！再说，与其坐以待毙，不如冒险一试。只要乘敌不备，必可突围出去。若能如愿，既保全了城池，又拯救了黎民百姓。万一女儿为贼兵所擒，大不了一死！在此既然是等死，何不冒险出击呢？"

荀崧见女儿心意已决，十分关切地问："那你说说看，有什么好法子？"

荀灌就把已经想好的突围办法讲述了一遍。大家听了连连点头称赞。荀崧更是兴奋异常，没想到自己的女儿会有这样的才智和勇气，于是欣然同意了女儿的请缨。

当天夜晚，突围计划都已安排妥当。只见月黑风高，伸手不见五指。突然，"咚咚咚"连响三声鼓，接着两队人马分别从东西城门里冲杀出来。原来，这是荀崧依照女儿的计策，造成拼命突围的声势，以吸引叛军的注意力。

果然，杜曾一见荀崧率兵突围，立即调动兵马赶往东西城门截杀。荀崧和将士们大张旗鼓地喊杀了一阵，眼看杜曾率兵快围上来时，他们立刻掉头，一溜烟儿地返回了城里，城外吊桥被迅速拉起，接着咣当一声，关上了城门。

与此同时，荀灌和突围的十余名勇士趁乱急速地冲出南门，在夜幕的掩护下，快马加鞭地向襄阳飞奔而去。守在南门外的贼兵只顾着侧耳聆听东西两侧的喊杀声，突见一队人马飞奔而去，一时措手不及，眼睁睁地看着他们消失在黑夜中。

荀灌他们一鼓作气，日夜兼程，第三天终于风尘仆仆地抵达襄阳。襄阳太守石览见了老上司的求救信，又听了荀灌的叙述，得知宛城危在旦夕。同时深为年少的荀灌临战请缨、冒死突围的精神所感动。他权衡了一下敌情，说："叛贼兵力雄厚，只靠我的一支五百人军队难以击垮他们，必须火速请求庐江郡寻阳（今江西省九江市）太守周访同时出兵，两军合力破敌，才能取胜。"

小灌娘脑子一转，说："事不迟疑，破敌要紧，这样吧，我来模仿父亲的笔迹，给周将军写封求救信。"看来小丫头平日读书写字也跟舞刀弄剑似的，透着一股子机灵劲儿，也不知何时瞒着老爹就把他的字迹学会了，谁叫老将军心里一直宠爱着膝下这个调皮捣蛋的丫头呢！没想到这会儿还真派上了大用场，不但请来了援兵，日后还促成了一段美姻缘。

荀灌在信中向周访表明了联合破敌的重大意义：其一，只有共同作战才能扫清贼兵，以解城中百姓危难；其二，一旦宛城失守，匪患将涂炭生灵，祸害无穷。信中还写道："如周将军起兵救援，替百姓除暴安良，行使大义，必能为世人所称颂而名垂青史。愿与将军结为兄弟。"

石览当即派人马不停蹄地奔向庐江郡，请寻阳太守周访协同自己火速出兵，以解宛城之围。周访一见是德高望重的荀将军写的求援信，二话没说，立即派他的大儿子周抚率领三千人马，赶往宛城救援。接下来，石览和周抚的兵马协同作战，从外围两面夹击，合力攻打杜曾。

此时，荀崧及众将士见城外两路援兵旌旗招展，杀声震天，立刻群情激昂，大开城门，挥舞着刀枪，飞速地冲杀出来。惊慌失措的叛军三面受敌，勉强抵挡了一阵，终于乱了阵脚，被打得

故事里的中国历史

〇五八

丢盔卸甲。杜曾见势不妙,只好仓皇撤兵而逃。

这一仗,由数千人组成的三股兵力形成了合围之势,从而大获全胜。荀崧喜笑颜开,亲自率领众将士跑到城外,迎接石览和周抚的两路援军。随后大摆筵席,招待石览和周抚等众将士,以感谢他们的及时援救。席中谈到荀灌突围的壮举,石览和周抚赞不绝口。石览对荀崧说:"老将军能有此虎女,智勇双全,实在是可喜可贺,令人羡慕。"

周抚也备受感动,翘起大拇指说:"宛城解围,百姓得救,荀灌姑娘功不可没呀!不愧是巾帼英雄,可敬可佩!来,灌娘,我敬你一杯。"谁知他敬了这杯酒,心里就放不下这个小姑娘了。

此后,灌娘请缨、突围救城的事迹,被收入《列女传》里,由于她是年龄最小的巾帼英雄,被世人津津乐道,成为千古佳话。后来,荀崧念及解围之情,和周访结拜为兄弟。周访趁此良机向荀崧提亲,期盼长子周抚能够迎娶荀灌为妻。荀崧心里早就看好这个英勇善战、救人于水火的年轻人,于是爽快地答应了这门亲事。

第十章 西晋灭亡

公元304年，李特的儿子李雄在成都称王。同年，匈奴左贤王刘渊也趁着晋朝的衰败，开始反晋独立，自称汉王。刘渊从小就爱读汉人的书，对《诗经》《尚书》《左传》《孙子兵法》《史记》《汉书》等经典著作更是爱不释手，反复精读。天长日久，在不知不觉中，他的气量和心胸都开阔了许多。他不仅钻研古书，而且还深知习武的重要性，立志要做一个能文能武、将来能够成就大事业的人。

刘渊深知要想练好功夫，首先得学会骑马，为此他在武将们的指导下，没少下功夫练习，尤其训练左右翻身上马，为此不知道摔了多少回。当练熟了翻身上马的动作以后，他开始练习在马背上射箭打靶，若射不中靶子，就坚持不下马。

武将们见了他这股子拼命劲儿，不由得连连称赞。

刘渊还经常对照兵书，琢磨着兵家胜败的原因。他常想，怎样才能克敌制胜？如何才能以少胜多？对于文治武功、安邦立国方面的大事，他也没少费心思。他平日里从不为一些小事与人计较，倒时常显出为人慷慨、乐于助人的品性。为此，不但匈奴人愿意听从他，一些汉人也愿意投奔他。

那一年，成都王司马颖想要争权夺利，但他自己力量单薄，就请刘渊出兵来帮他。刘渊带着人马到了邺城，一看晋朝上下很空虚，就有了主意，对司马颖说："我们匈奴人虽然很能打仗，但是今天来的兵还是少了些，为了保险起见，您最好让我回去再挑选一些能征善战的武士来，准能增强咱们队伍的战斗力。"司马颖一听，心想这下更有了把握，就高兴地答应了。

其实，刘渊是另有图谋。他回到匈奴的地盘以后，寻思着自己要是跟晋朝硬打，汉族人一定会一致对外，齐心反抗，那样取胜的把握就不大了。怎么办呢？想来想去，还得以汉制汉。他决定把"汉"字作为军队的旗号，并对部下说："汉朝立国比我们久远得多，虽然已经亡了，可我的祖上娶的就是汉朝的公主，我就是汉朝的外孙子。我姓刘，还是跟了外祖父的姓哪！汉朝虽然已亡，可我应该继承外祖父的正统地位，努力把汉朝恢复起来。"大伙儿听了，都夸刘渊这个主意好。

刘渊以汉室为祖先，就想让天下百姓都知道，自己才是正统。于是凭着这股劲儿，建立了自己的政权，打着以汉朝为祖先的口号，把他的国家叫"汉国"，自己做了汉王，扬言要继承发扬汉高祖的大业。其他大臣的职位，也都按照汉朝的惯例逐一设置。

刘渊自称汉王后，率领大军很快攻下了上党、太原、河东、平原等几个郡，队伍越来越壮大。以往一些不成气候的各族反晋力量，也都来归附刘渊。其中就有汉族人王弥和羯（jié）族人石勒，二人一看刘渊的势力无人能敌，于是都带着队伍来投靠他。308年，刘渊开始称汉帝。第二年，迁都平阳（今山西省临汾市），准备集中兵力进攻洛阳。

洛阳的老百姓虽然早就恨透了腐朽没落的西晋王朝，但一听说匈奴打过来了，谁也不愿意当亡国奴，于是齐心协力抗敌。刘渊的两次进攻都遭到了洛阳军民的强烈抵抗，就只好先退兵。他一心想尽快拿下洛阳，完成心中的霸业，可无奈连日来积劳成疾，就在他打算带病出兵时，病情越来越重，没几天就死了。他的儿子刘聪即位，这是个心狠手辣的人，把他爹的死都算在了洛阳人的头上。为了报仇，他立刻派大将刘曜（yào）、王弥、石勒兵分几路攻打城池。

刘渊前两次进攻都遭到了重创，败下阵来，最终患病身亡。鉴于此，刘聪这次加大了人员和兵器装备的投入，进攻势头也变得更猛烈，结果晋军没能抵挡住，被刘聪的汉军打开了一个缺口，紧接着长驱直入，把洛阳城给包围了。洛阳的军民尽管奋勇抵抗，浴血奋战，但因连日来伤亡不断，战斗力大大减弱。311年，洛阳城被攻陷，晋怀帝做了俘虏。

匈奴人把汉军旗插到了洛阳城的皇宫，就开始大肆抢掠，抢完皇宫里的珍宝，又抢那些王公贵族的家产，洗劫一空之后，再把城外帝王的坟都刨开来,看看里面还有什么值钱的宝贝,一旦挖了出来,就全部搬上车运走。他们见老百姓实在没什么可抢的,就开始残忍地屠城。接着又大肆放火焚城,大火烧了几天几夜,使繁华的洛阳城变为一片废墟。

屠城之后,昏庸腐朽的晋怀帝被匈奴兵押到平阳。刘聪打算要耍他,就先封他做了个汉国的大夫。随着晋怀帝投降的那些晋朝大臣,也都挂上个有名无实的官位。在一次刘聪举行的宴会上,有个奴仆打扮的青衣人,弓着腰提着一把银酒壶,走上前恭敬地给刘聪斟酒。刘聪咧着嘴笑着说:"满上,满上!"大伙儿仔细一瞧惊讶地说:"哟!这不正是那位晋怀帝吗?"晋怀帝低着头,装作没听见,接着给大臣们挨个儿斟酒。

这时有人冷笑道:"你不是晋国皇上吗?怎么跑到这儿伺候人来啦?"

还有人假装责备他说:"可别这么说,人家挺在行的,一看就是个小酒倌。"一席人听了哄堂大笑。只有那些晋朝的降官笑不出来,他们又生气又难受,禁不住流下了眼泪。当看到晋怀帝羞红了脸,一声不吭的那副窝囊相,有几个人实在憋屈得受不了,忍不住哭出声音来。刘聪看在眼里,心想,一个亡国的皇帝落到这等地步,居然还有降臣为他哭泣,可见留着怀帝就是个祸害。于是眉毛一扬,命手下把晋怀帝杀了。

晋怀帝被俘虏的时候,他的侄子司马邺趁乱从洛阳逃到了长安。长安的大臣们只好提前把司马邺立为太子,暂时代行皇帝的职权。不久他们听说晋怀帝被杀了,就拥立司马邺正式当上了西

故事里的中国历史

〇六四

晋的末代皇帝,就是晋愍帝。这位十三岁的少帝即位时,长安城里已不足百户人家,马车只有四辆,百官没有官服,百姓朝不保夕,已经衰败到了崩溃的边缘。

316年,汉赵皇帝刘渊的侄子刘曜再次攻入关中,围攻长安。此时的长安就像一座枯竭的空城,一点儿抵抗力都没有了。晋愍帝当了没几年的皇帝,好像命中注定似的,没能逃出他叔叔当年的厄运,同样被迫出降,被送到了平阳,接着又同样遭受一番侮辱后被杀掉。至此,腐朽的西晋王朝终于覆灭了。

第十一章 共享天下

西晋虽然灭亡了,不过南方还在晋朝官员的掌控之中。晋愍帝被俘前,对天下仍抱有起死回生的希望,为此留下诏书,嘱咐镇守在建康的琅邪王司马睿继承皇位。司马睿是司马懿的曾孙,他父亲司马觐曾任琅邪王,死后由司马睿继承了王位。早在公元307年,司马睿就做了安东将军,一直在建康城坐镇。

年纪轻轻的司马睿刚到建康的时候,在王公贵族中不过是个小角色,没有威望,江南士族和当地的平民都不怎么理会他,一些名门望族更是瞧不起他。起初,司马睿认为自己好歹是个坐镇一方的将军,前来拜访他的人会门庭若市、车水马龙;谁知连日来门可罗雀、无人问津。这使司马睿大感失望，心里很不是滋味儿。

他想来想去，想起了跟随自己的亲信王导。王导出身望门世家，别看官做得不大，可在官场上的名气要比自己大多了。于是，司马睿就把他请了来，向他讨教有什么扬名的办法。

王导一听，就明白是怎么回事了，他直言不讳地说："江东一带经济、文化都比较发达，为此当地人的门第观念较重，比较讲究出身和家族的名望，而您虽然做了安东将军，但在他们眼里，资历太浅，又缺乏影响力，所以很难服众。如今要想出名，就必须要得到王公贵族、朝廷显贵、社会名流等人的支持，才能把您衬托出来，到时候将军的身价一涨，您就瞧好吧，恐怕这些名流都会上赶着来巴结您了。"司马睿听了兴奋地说："哎呀，太好了！可我平日跟这些声名显赫的人从无往来，现在虽然是个将军，却一直不招人待见，为此势单力薄、孤掌难鸣啊。那你说说，怎么才能得到他们的支持呢？"

王导听后，立即找了他的堂兄——比较有权势的王敦商量此事，哥儿俩一致认为，司马睿以后一旦得了势，肯定少不了他哥儿俩的好处，于是决定帮司马睿一把。话说当地有一个风俗，每年农历三月清明节前后，士族大夫、官员和百姓都要到江边去祈福。二人一合计，就准备在江边演一场戏，戏中的关键，就是要把排场搞大，这样才会造出声势，从而提高司马睿的身价。

转眼到了清明，全城大街小巷的人都往江边拥去，正当熙熙攘攘、喧嚣热闹之时，只见一顶华丽的八抬大轿，和当地的官员贵族们的马车依次而行，悠闲自在地行走着。轿子里不时探出个脑袋，喜笑颜开地向四周张望着。人们定睛一看，这不是那个平日蔫不唧的安东将军吗？

这时，八个头裹红巾的轿夫继续抬着大轿，风风光光地往江边行进。再看大轿两旁，王导他们带领着一批官员，骑着马恭恭敬敬地跟在左右，随行的兵士们个个身披盔甲，一路威风凛凛。

此刻，当地的有钱人和大小官僚都来到了江边，他们熟知王导出身名门望族，见他对司马睿居然这么恭敬，看来这个安东将军大有来头。此时，围绕大轿行走的方阵，在阳光的照耀下，显得格外引人注目。当方阵临近江边时，很快惊动了附近门户里一个叫顾荣的名士。他在当地颇有名气，正要出门看风景，忽闻外面热闹非凡，就赶忙从门缝里张望，看看到底是怎么回事。

他眨巴了一下眼睛，立马就看清了，原来是王导两兄弟在骑着马护佑着轿中的司马睿，不禁大吃一惊。他心想：这是怎么了？平日没人敢不敬着这兄弟俩，如今二人却对司马睿这么恭敬？真够奇怪的。可不管怎么说，这会儿人家路过家门，要是自己不出去拜见一下，以后碰上可就没面儿了。于是他赶忙招呼几个伙计跟着自己，立刻迈出门来赶上了大轿，拱手等着拜见司马睿。

司马睿没想到王导这一招儿还真灵，立刻让队伍停了下来，接着掀帘下轿，笑容可掬地向顾荣等人躬身还礼，一副安然自若的神态，这反而让顾荣他们受宠若惊。

就这么利用了一个祈福的日子，可给司马睿长了脸，大大提升了他在江南士族中的威望。第二天，王导对司马睿说："顾荣兄弟俩是这一带的名士，只要把他们二人拉过来，别人就都会跟着我们走。"司马睿就写了一封信，让王导带着信亲自去请顾荣等人。这些名士都愿意出来做官，于是跟着王导来拜见司马睿。

司马睿一想，这可是笼络人心的好机会，就将他们一一封官，收在自己的门下。然后他继续按照王导的建议，这边拉拢了江南的士族，那边又吸收了北方的人才，开始逐渐巩固自己的地位。为此他十分感激王导，说："你可真是我的萧何（秦末辅佐刘邦起义的丞相）啊！"

318年，晋愍帝遇害前留下了一份遗诏给司马睿，上面写着："朕若有不测，你可继承帝位。"于是，司马睿将国都定在建康，即位以后，打算着手重建晋朝，自立为晋元帝。这以后，为了和司马炎建立的西晋王朝有所区别，就把这个朝代称为东晋。

司马睿选了个良辰，作为登基的日子。那天，百官出列，彩旗飘扬；琴瑟齐鸣，鼓声隆隆。司马睿开始还有点儿晕乎乎，从没尝过当皇帝是个什么滋味，一看身边少了个最贴心的人，马上向站在殿下的王导招手，让他过来坐在一起，接受百官朝拜。这时，善于计谋的王导不禁受宠若惊，手足无措地愣在那里。

在等级森严的封建社会，君臣怎能并排齐坐、共享天下呢？王导转眼看了一下文武百官，发现都在那里交头接耳，于是慌忙说："这怎么能行？如果太阳只照在一个物种上，那所有的生物又怎能得到阳光的普照呢？"听了王导的几句恭维话，晋元帝顿时眉飞色舞，初次尝到了当皇帝被人捧的滋味。王导一见皇帝高兴了，心里一下子踏实了不少。

众目睽睽下，晋元帝不好再次邀请王导，但心里总有些惶惶

故事里的中国历史

然，如今能坐拥这个皇位，离不开王导兄弟俩的鼎力相助，于是就让王导担任尚书，掌管朝内的大权，让王敦统领军队。这还不算，凡是跟王家沾亲带故的门户，先后都被封上了大大小小的官。

此后，朝野上下议论纷纷，尤其是一群急着想升官的朝臣暗自后悔：当初怎么就没租个打眼儿的轿子，再雇上几个轿夫抬着这位爷在江边转它几圈，把他给伺候好了呢？再说，也花不了多少银子，更费不了多大工夫就能升官发财？唉，天下哪儿去找这么便宜的买卖！这些朝臣为此暗地里捶胸顿足，后悔不已，认为自己白白错过了加官进爵的机会。

王导兄弟一夜之间升了大官的消息不胫而走，很快在民间流传开了一句话，叫作"王与马，共天下"，意思是王氏同皇族司马氏虽是君臣，却共享着掌管东晋的大权。

王敦做梦也没想到一下子执掌了东晋的军权，几天下来，就变得俨然不可一世了。他得意地对身边的心腹说："要不是当初我们兄弟卖力扶了他一把，他哪儿能坐上皇位呀？再说，他也是看咱有这个能耐，才把军权给了我。不瞒你说，现在的陛下其实就是个摆设，用不着把他太当回事儿。"心腹听完这一番话，吓得咕咚咽了口唾沫，大气不敢喘，只见他伸了伸脖子，算是苟且认同了。

日子一久，晋元帝也看出王敦原来是个目中无人、狂妄自大的家伙，只因念及旧恩，也就没跟他计较，而是新任命了几个让他能放心的大臣。一来二去，晋元帝对王氏兄弟很失望，只好渐渐跟他们疏远了。这一来，处于百废待兴的东晋王朝，刚刚有点儿起色，朝中就有了裂痕。

第十二章 石勒称帝

西晋皇族间为争夺朝政大权，自相残杀，引发了长达十六年之久的"八王之乱"，这一蝴蝶效应，又导致中原各地豪强竞相争斗。另有一些北方少数民族，自东汉时期就入居关中，时常在黄河两岸作乱，此时也趁机起兵，攻夺城池，抢占地盘。在这个战火纷飞的年代，老百姓无以为生，饿殍遍野。那些走马灯似的皇帝，大多荒淫无度、昏庸残暴，常常以杀戮为乐。

公元318年，匈奴族的汉王刘聪病死了，刘渊的侄子刘曜即位。他觉得用汉朝的名义还不能让百姓顺服，就在319年改国号为赵，自称赵王。在这些匈奴人的将领中，有个叫石勒的大将，在西晋灭亡时，趁机扩大了自己的兵力，跟刘曜的实力旗鼓相当。为此，他不愿再受刘曜的制约，就把手下队伍拉了出来，也自称赵王。

石勒是羯族人，字世龙，他的祖父和父亲都曾是羯族部落的小头目。他年幼时就能精通骑射，胆识超群。302年，当并州闹饥荒时，当地刺史、东嬴公司马腾派兵抓捕少数民族，把他们卖到山东当奴隶，以换取军资。石勒也不例外，被司马腾卖给了茌平（今隶属山东省聊城市；茌 chí）人师懽（huān）作为耕奴，而师懽家靠近牧马地区，那里的牧帅叫汲桑，后来成为西晋时期一支农民起义军的首领。

有一天，二人在牧场上相遇，因石勒擅长牧马，汲桑很愿意和他结交。石勒一见对方和自己称兄道弟，就依附了他。

死里逃生的石勒，尝尽了做奴隶的疾苦，恨透了司马腾这些压榨百姓的地方官僚，决心要报仇。二人一合计，就召集了十八位骑手，组成了一支骑兵队，号称"十八骑"。这一小股骑兵，靠着打家劫舍、杀富济贫，在当地的势力不断壮大。

流亡的难民闻讯陆续前来投奔他们。晋惠帝永兴二年（305年），八王之中的成都王司马颖被废黜皇太弟之位，命帐下督（汉军中官佐的一种）公师藩带领着部将在山东夏津起兵，路上正巧遇到了石勒和汲桑。二人一直想找个落脚的地方，一看对方好歹是一支反叛的正规军，于是投奔了公师藩。

不久，公师藩在一次战役中败亡。兄弟二人又回到茌平牧区，继续发展队伍。晋怀帝永嘉元年（307年）时，他们听说龟缩在邺城（今河北省临漳县）的司马腾由于克扣军饷而闹得军心涣散。

二人一合计，决定先拿司马腾开刀，于是汲桑自称大将军，以石勒为扫虏将军，率领骑兵攻打邺城。

当石勒大军杀到邺城的时候，司马腾的士兵早已一哄而散，司马腾也死在了乱军的刀剑下。石勒没能亲手杀了司马腾，实在觉得不解气，于是打着汉人旗号在城内杀人抢劫，闹得越来越凶。当时主掌晋朝政权的太傅司马越立刻派大军围攻。汲桑和石勒自知敌不过大军，慌乱中只好各自逃散。

石勒逃回上党（今山西省长治市上党区），投奔了匈奴汉王刘渊。打这儿以后，石勒多了个心眼儿，他寻思着，光靠这么杀人抢劫不行，干不出什么大事来不说，还败坏了自己的名声。就算抢到一块地盘，要是不会治理，早晚也得弄丢了。想到这儿，他幡然醒悟，打算学习汉文化，花心思认真读书。

可是这个胡人从来没受过汉文化教育，大字不识几个，怎么办呢？他就让人读书给他听，边听边评论着古往今来的是非功过、利益得失。一次，他让人诵读《汉书》，听到郦食其劝刘邦封立六国的后代时，急忙问道："这分明是错误的，为什么汉高祖还能得了天下？"再往下听到张良的劝阻时，又不禁叹道："幸亏有个留侯啊！"

当时有个汉族人叫张宾，他读过很多书，善于谋略。石勒带兵到山东时，二人曾经见面聊过天。张宾对朋友们说："我见过的外族人有很多，可真能成大事的只有那位胡将军。"因为石勒是羯族人，汉人把外族叫作胡人，所以石勒又称作胡将军。后来张宾为了寻找出路，就投靠了石勒。

两晋南北朝故事

石勒有了这位见多识广的谋士，如获至宝，什么事都跟他商量。他很欣赏张宾的才略，请他把军中有文化的汉族士人集中起来，组成一个叫作"君子营"的智囊团，专门用来研究军事作战方案。由于石勒善于打仗，又有张宾等一批谋士帮他出谋划策，一下子如虎添翼，势力更加强大了。

自从刘聪死后，刘曜和石勒先后自称赵王，分别定都在长安和襄国（今河北省邢台市）。历史上把刘曜建立的赵国叫前赵，把石勒建立的赵国叫后赵。到了328年，石勒在谋臣们的帮助下，找准了作战时机，消灭了刘曜的前赵政权。330年，石勒在襄国正式称帝。

当时生长在地里的黄瓜原名叫胡瓜，是汉朝张骞出使西域时带回来的瓜种。后来为什么又改叫黄瓜了呢？起码也得叫绿瓜呀！这还得从这个当了皇帝的羯族人说起。

石勒称帝后，对人们贬称羯族人为胡人大为恼火，于是制定了一条法令：无论是谁，说话写字作文章，严禁出现"胡"字，违者立斩不赦。

有一天，石勒在大殿召见地方官员，一眼见到襄国郡守樊坦穿着一身破烂衣衫，觉得实在寒碜，就劈头问道："樊坦，你官至郡守，为何如此衣冠不整就来朝见？"

樊坦在众目睽睽下被皇上责问，窘得慌忙答道："这都怪胡人不讲道义，把我的衣物统统抢去了，害得我只好衣衫褴褛地来上朝。"刚说完，他马上意识到犯了忌讳，急忙叩头请罪。石勒深知错不在他，心想：这帮塞外的乡巴佬儿简直穷疯了，真丢人！

于是他摆了摆手说:"看来罪不在卿,快快平身吧。"

召见了这批地方官后,到了例行"御赐午膳"的时候,石勒心里还是挺别扭,毕竟这个汉臣当众犯了禁,又没法儿治他罪,于是指着一盘胡瓜问樊坦:"爱卿可知此物为何名呀?"

樊坦刚才责怪了胡人的劣行,一直都惊魂未定,这会儿看出石勒是在有意考问他,灵机一动,手指着长桌恭恭敬敬地答道:"回禀陛下,御赐午膳乃美味佳肴,茗茶飘香,天酒神浆,玉盘黄瓜。"石勒一听,满脸带笑,别提多顺气儿了。

打那以后,胡瓜就被称作黄瓜,很快流传到了民间。到了唐代,黄瓜已成为南北常见的蔬菜,只是没人叫它胡瓜了。

通过听书解文,常向"君子营"的谋士们学习知识,石勒有了一定的自我评估。332年,石勒选了个日子大摆宴席招待使臣。酒过三巡,石勒有些得意地问属下的大臣徐光:"自古以来,有众多君主开创了基业,爱卿说说看,朕可以和以前哪个皇帝相提并论呢?"

徐光赶紧好话连篇地说:"陛下的神明威武应该胜过汉高祖刘邦,宏谋大略超过魏武帝曹操,微臣以为,比您再高的大概只有轩辕黄帝了。"

石勒一听,笑呵呵地说:"爱卿言过其实了吧?人不能没有自知之明,我哪有那么高的才能呢?要是遇到汉高祖,我就要尊他为君主而侍奉他,和韩信、彭越一样为他打天下,那才是我的本分;要是遇到汉光武帝刘秀,就不妨和他比试比试,一起驰骋中原,看看鹿死谁手。既然是大丈夫,做事就要光明磊落,如日月一样明亮，而不能像曹操、司马懿父子那样，靠着狐媚的心性欺上瞒下、滥杀无辜来夺取天下！"

"圣上英明！万岁！万万岁！"众臣心悦诚服地称颂起来。

"再说，朕哪能与黄帝相比呢！顶多处在刘邦和刘秀之间而已。"石勒还在得意地评价自己的功绩，享受着群臣叩首跪拜、山呼万岁的场景。

尽管众臣天天捧着，称帝后的石勒，好歹知道自己的文化底子不行，于是比较重视人才的使用，尤其在治理国家的问题上，经常采取智囊团的建议。这一来，使后赵初期的国力有了起色，逐渐出现了兴盛的势头。

第十三章 养虎为患

羯族人石勒称帝后，仍然对本族以外的人从心里排斥，觉得还是自家人最可靠，于是大封亲族，首先立他的儿子石弘为太子、大单于，另外两个儿子封为秦王和彭城王。还有石虎，这个为后赵立下不少战功的侄子，将他封为中山王、尚书令，又封石虎的儿子石邃（suì）为齐王。石勒以为通过封官加爵，就能让族人对自己忠心，可以高枕无忧地当皇帝了，没想到有人升了大官，还恨得他要死呢！

原来，恨他的人正是他的侄子石虎。石虎一直以为自己曾为后赵立下大功，石勒应该论功行赏，将大单于的位置传给他才对，没想到石勒却传给了自己的儿子，这让石虎气得直咬牙。他愤愤不平地对自己的儿子石邃说："主上自从建都襄国以来，什么事情都是我为他冲锋陷阵，攻下了一个个城池，他只不过坐享其成而已。这二十多年来，我一共攻下了十三个州，杀了很多人，好不容易成就了后赵的功业，难道大单于的称号不应该授给我吗？哼，这下倒好，白白给了那个黄口小儿，想起来就憋气！"

他儿子听了一怔，忙问："那怎么办呢？""好办！既然他这么不公平，成心挤兑我，就别怪我玩儿狠的。等他死了，看我怎么整他的后人吧。"石邃听了心惊肉跳，后脊梁直冒冷汗。

石勒是石虎的叔叔，石虎从小由石勒的母亲也就是他的奶奶抚养长大。当初，石勒被人抓去当作奴隶卖掉后，有很长时间和他的母亲、侄子们都失去了联系。后来还是西晋并州刺史刘琨偶然在路上遇见了石勒的家人，才帮忙把他们送到石勒这里。石勒多年没见的侄子已长成一个十七岁的小伙子了，这让石勒感叹不已。石勒对他格外关切。

可是没过多久，他发现石虎生性顽劣，游手好闲，对人凶狠冷酷，在军中经常惹是生非，久而久之，激起官兵们对他的强烈不满。石勒这才觉得石虎是个祸害，就对母亲说："这孩子生性凶残，难以调教，如果哪天把军队里的将士惹恼了，一气之下再把他给杀了，那才有损家族的名声呢，不如现在让他远走高飞，自己去闯天下吧。"

结果当奶奶的不以为意，一心护犊子，说："耕地快的牛在牛犊的时候，时常会把车撞坏。别看石虎现在闯些祸，他将来正是一头会耕地的好牛。你不要心生厌恶而赶他走，应该耐心地教导才是。"石勒还想说点儿什么，只见当上太后的母亲头也没抬，只摆了摆手，示意他免开尊口。石勒心想，百善孝为先，听母亲大人的没错，只好悻悻地退了出去。

石虎从小就被他奶奶宠着，顿顿吃得又多又好。长大成人后，他壮得跟牛似的，浑身有用不完的力气。此外，他武艺高强，骑马射箭、舞刀弄棍都不在话下。石勒一看他挺能打仗，就任命他为征虏将军。每次出征讨伐，只要抓到俘虏和投降的人，不论男女老幼，石虎一律统统杀掉。石勒虽然没少训斥他，但在石虎那儿都成了耳边风。

每逢作战，只要石虎一声令下，手下的士兵都必须立刻往前冲，动作要是稍慢一点儿，就会被他砍伤，以示惩罚。日子一久，石勒觉得有这么个替他看家护院的侄子，倒是让自己挺省心，也就由着他的性子去了。

石勒称帝立了太子以后，大臣徐光曾对他说："皇太子为人厚道、孝顺温良，而中山王石虎心术不正、残暴狡诈。陛下百年之后，我担心太子会有危险，到时候皇位恐怕不保。现在应该尽早防范，逐渐削减石虎的权势，让太子尽快参与朝政。"

太子的舅舅、右仆射程遐也觉得事态严重，就进一步劝说石勒："石虎剽悍勇猛又有谋略，大臣之中谁也比不了他。可是他的野心很大，除陛下以外，谁都不放在眼里。另外他生性残忍，长期出任将帅，在外产生了很大威势。他的几个儿子年轻力壮，又都握有兵权。陛下在世，他还不至于造反，但他一定不会做太子的臣下。为了民生社稷，应当防微杜渐，尽早将他除去。"

石勒想起了太后曾经对他的告诫，沉思了一下说："现在天下还不安定，太子石弘还是个孩子，应当得到有力的辅佐。不管怎么说，中山王是我的骨肉至亲，为我开疆辟土立下了不小的功劳。我正想把伊尹、霍光那样的重任委托给他呢。"

程遐有些纳闷儿地问："这是从何说起呢？"石勒说："商代的伊尹、西汉的霍光都是有能力对君主进行废立的大臣，尽管有别于儒家的君臣之道，却是值得褒扬的，而这两个人'虽有非常之权，却不做非分之想'。所以说，他高兴都来不及，怎么会造反呢？你大概担心到时候不能继续专享作为皇帝舅舅所拥有的权势吧？不过你放心，我会让你参与辅政，不必为此过分忧虑。"

程遐急得直跺脚："哎呀！陛下误会我了！我所担忧的是国家社稷，您却以为我是在为自己打算，这不是忠言逆耳吗？石虎虽然是皇太后养大的，却并非陛下的亲骨肉，尽管有功劳，但陛下酬谢他们父子的恩泽已经足够了。如此加官晋爵，他的野心却仍然在膨胀，您难道还没看出来吗？现在如果不铲除他，我看帝王的宗庙就无人祭祀了。"尽管是一番肺腑之言，石勒还是听不进去。

公元333年初，石勒去邺城巡视刚刚落成的沣水宫，返途中受了风寒，结果卧病不起。石虎一看机会来了，马上调派宫中亲信充当侍卫把守，对外假称接到诏令，群臣、宗亲都不得入内，以致宫外没人知道石勒的病况。到了七月，石勒病重得快不行了，就留下遗言说："太子石弘与兄弟几人应相互团结，和睦相处。要吸取晋朝司马家族自相残杀的前车之鉴。"以此奉劝石虎要效仿周公、霍光那样做人，千万不要给后世留下一个骂名。

石虎历来把他叔叔的话当作耳边风。等石勒一死，石虎就挟持了太子石弘，同时抓捕了大臣程遐和徐光，不由分说，立刻除掉了这两个心腹之患。接着又命自己的儿子率兵进宫担任守卫，朝廷上的文武百官都成了惊弓之鸟，生怕自己掉脑袋，个个唯命是从。

这时，太子石弘更是惊恐万分，连忙对石虎表示，自己不是治理天下的人才，堂兄石虎才是真正的天子。而石虎心想，石勒尸骨未寒，强登帝位恐怕会众叛亲离。于是他假惺惺地对太子说："君主去世，太子即位，这是天经地义的事情。"

石弘流着泪执意要让位，石虎故意装作生气的样子说："如果你不能承担帝位，天下自会有人来讨伐你，到时候可别怪我帮不了你。"石弘毕竟太年轻，居然信以为真，只好勉强即位。殊不知这是石虎为了掩人耳目所施的伎俩。

即位后的石弘，就像个提线木偶，完全被石虎玩弄于股掌之中，先后任命石虎为丞相、魏王，没几天又乖乖地任命他为大单于，加赐九锡，这还不算，又把魏郡等十三郡划作石虎的封国。石弘为了保命，索性让石虎大权独揽，总管朝廷一切事务。这种提心吊胆的日子没过多久，末了，还是让原形毕露的石虎给废了，贬为海阳王，同另几个兄弟一起被幽禁在宫中，不准迈出宫门一步。

不久，石虎听到一些对他篡位的风言风语以及替石弘喊冤叫屈的声音。为了消除后患，石虎索性把石弘和他的弟兄们全都杀了。倘若当初石勒坚持己见，对皇太后不那么尽愚孝，他儿子们的

故事里的中国历史

性命或许还有救；而两位忠臣的劝告已是他的子嗣们最后的保命机会，可他偏偏坚信太后的话，始终拒绝将暴虐的石虎驱出朝廷。

石勒对石虎姑息养奸、放任自流，最终养虎为患，酿成了悲剧，导致自己的后代一个不剩，统统为他的亲侄子所杀。

第十四章 闻鸡起舞

西晋灭亡前夕，北方匈奴挥舞着汉国的旗号，率铁骑大军一路南下，横扫内陆山川平原。虽然西晋王朝表面上还在统治着中原大地，实际上早已内忧外患、摇摇欲坠了。一些有志气的将领心急如焚，想要极力挽救国家命运，把北方胡虏赶出中原，恢复汉族统治。中山魏昌（今河北省定州市东南）人刘琨，就是其中一位杰出的代表。

刘琨，字越石，是西汉中山靖王刘胜的后裔，光禄大夫刘蕃之子。后来他成为晋朝的著名诗人、音乐家和爱国将领。他有个好朋友叫祖逖（tì），二人在西晋建立初期，一起在司州（今河南省洛阳市东北）做主簿。二人情同手足，无话不谈，常常同床而卧，共同讨论怎样建功立业，复兴社稷，成为国家的栋梁之材。

刘琨和祖逖一谈起国家大事，总是忧国忧民，慷慨激昂，经常聊到深夜。一天，祖逖正滔滔不绝地讲着心中的抱负，回头一看，刘琨不知什么时候睡着了，而祖逖却兴奋得不能入睡，一直躺在床上浮想联翩。

约莫三更时分，远处的公鸡开始打鸣，一声接一声地叫了起来。祖逖兴奋地往窗外一看，天还没亮呢，只有淡淡的月光在云层里时隐时现。他再也躺不住了，一骨碌爬了起来，把睡得正香的刘琨给推醒了。他看着睡眼惺忪的刘琨，乐呵呵地说："嘿，刘兄快醒醒，有人说半夜鸡叫不太吉利，我倒认为是个好事。以后咱们听见鸡叫就起床练剑，正好可以长长功夫，你看怎么样？"

刘琨揉了揉眼睛，一听要去练武，立刻来了精神，坐在床上顺手就捶了祖逖一拳，高兴地说："真有你的，主意不错！可我就纳了闷儿了，半夜三更你不睡觉，哪儿来的这么大精神？"祖逖看着他也不搭话，一个劲儿冲他开心地笑着。不一会儿，两人蹬上靴子，系紧腰带，穿戴整齐后，拿起宝剑就直奔郊野，在一片荒地里舞起剑来。

此后，他俩每天听见鸡叫，就肩并肩地来到野外，精神抖擞地双双练起剑来。只见一道道寒光闪烁，仿佛要刺穿黎明前的黑暗；一声声破空之音，呼啸着回响在天地间。在一片铿锵声中，突然听见"唰！唰！"一连串的声响从草丛里发出，抬眼望去，只见几只狗獾（huān）吓得飞似的往远处逃去，泛起一缕缕烟尘。

破晓时分，天上飞来几只秃鹫，高高地在他们头顶上盘旋着，

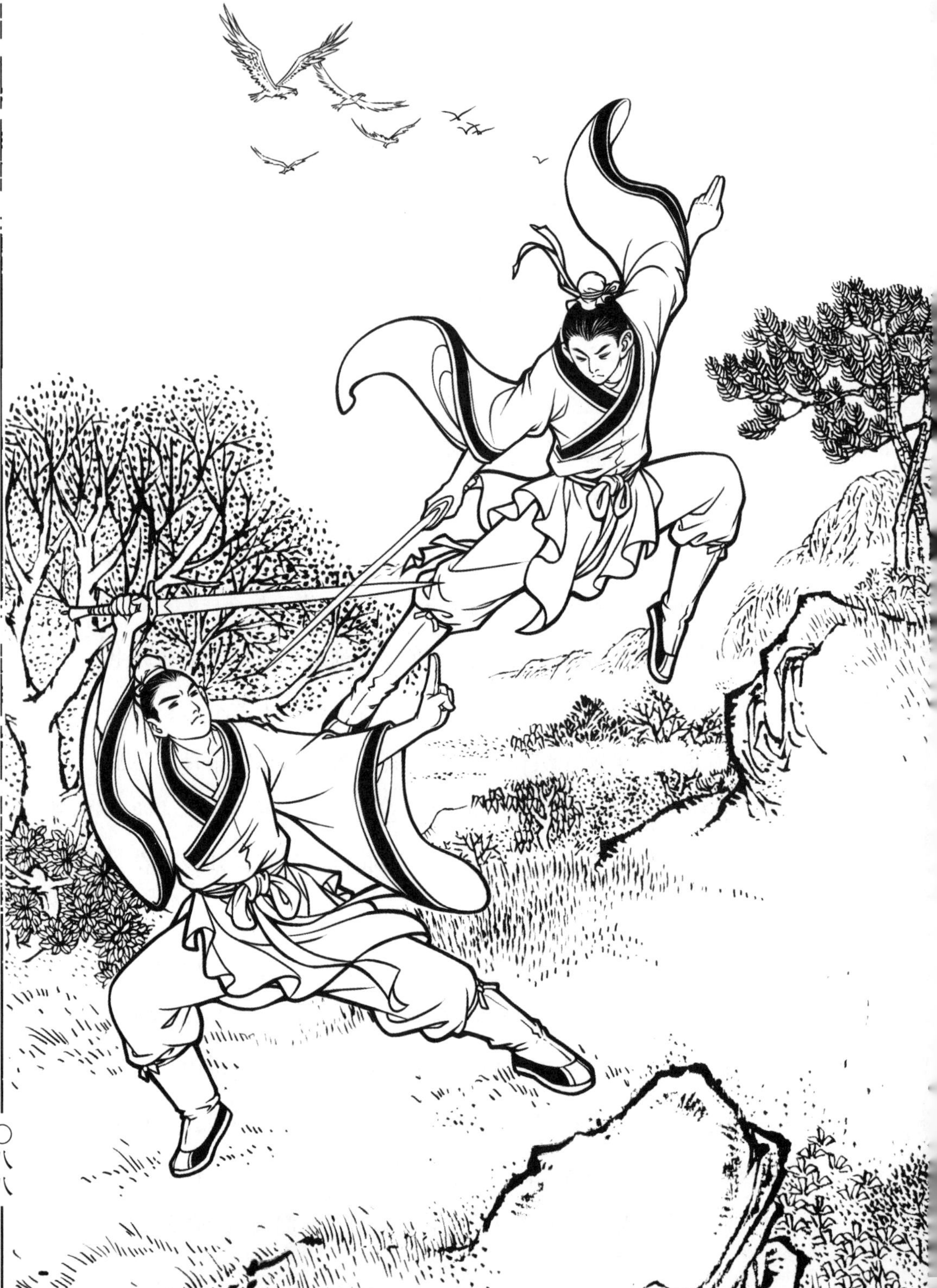

正准备寻觅猎物，只见地面上一道道寒光袭来，夹杂着嗡鸣声，领头的秃鹫惊得"嗷"的一声叫，赶紧掉头飞走了。这时天已见亮，二人稍歇片刻，擦了擦汗，接着又练到旭日东升，这才大汗淋漓、有说有笑地往回走。

碰上雨天，两人就埋头伏案研习兵法，时常讨论到深夜。就这么一年四季读文习武，其间拜师求教，反复磨炼，从不间断。功夫不负有心人，经过长期的刻苦学习和训练，他们终于具备了文武双全的本事，后来都成为有名的将领。"闻鸡起舞"这个成语就是由此而来的。

祖逖的刻苦精神和爱国热情，深深打动着刘琨，他决心以国家利益为重，哪怕为此献身，也在所不惜。一次，他在给家人的信中写道："在国家危难时刻，我经常枕着兵器一觉到天明，从不敢掉以轻心。为了立志报国，时常担心会落在祖逖身后，可他还是超过我了！"

"八王之乱"期间，东海王司马越巧妙地避开了这场大劫难，然后找准时机，一跃成为晋惠帝直至晋怀帝时期的重臣，权倾朝野。有位深受司马越信赖的大臣叫刘舆，正是刘琨的哥哥，他向司马越推荐刘琨镇守并州，没多久，晋怀帝就下了诏书。

公元307年，晋怀帝派刘琨出任并州刺史，匈奴首领刘渊得知这个消息，就派兵在沿途进行截击。自从匈奴起兵进攻晋朝以后，并州的官员吓得纷纷往南逃跑，闹得百姓人心惶惶。一些地方上的盗贼，趁着这股乱劲儿四处流窜，经常抢劫百姓的财物，严重扰乱了社会秩序。刘琨看在眼里，急在心里，马上着手在上党招募了一千多名士卒，沿途奋力赶杀，一路来到晋阳（今山西省太原市）城下。

刘琨没想到晋阳城内满目疮痍，尸骨随处可见，惨不忍睹。他当即上书请求调拨物资，一边叫士兵掩埋尸骨，清理瓦砾，加强军队对匈奴的防守；一边派人救济饥民，组织百姓重筑城池，使荒废的晋阳城尽早恢复。

刘琨下令修复城池的举措，很快传到了逃亡在外的百姓耳中，人们开始纷纷返回城里，加入保卫家乡的队伍。不久，晋阳城重新变得坚固起来，小伙子们为保家卫国踊跃参军，刘琨的兵力一下子得到了补充。为此，刘琨不失时机地与刘渊和他的儿子刘聪、孙子刘粲，以及后来立国号为后赵的羯族人石勒，进行了多次以少胜多的激烈战斗。

有一回，数万匈奴兵将晋阳城围了个水泄不通。刘琨心想，兵力悬殊，硬拼肯定不行，就一面严防死守，一面修书飞马报信，请求朝廷派遣援军。可是过了七天，援军毫无音信，城内粮草越来越少，眼看就要挨饿了，士兵们一片恐慌。这时，刘琨为了稳定军心，表面上仍然泰然自若，其实已是心急火燎。

到了傍晚，刘琨登上城楼，远远地眺望着城外敌营，冥思苦想着应对的办法。在阴云密布的夜晚，他想到城池若被敌军攻破，城里的百姓可就惨了。他越想越哀愁，忍不住仰天长啸，凄厉而悲壮的声音，划破夜空，传到了城外的匈奴兵大营。大营中的士兵被他的啸声深深撼动，想到自身长期在外艰苦征战、朝不保夕，随时都有掉脑袋的危险，都也哀叹不已。没多一会儿，这种悲凉凄楚的情绪，在匈奴士兵当中传播开来，大家都忍不住大声地宣泄，引发了一片骚动。

城外匈奴兵半夜里的骚动，又一次打破了夜晚的寂静，使刘琨想起西汉时期"四面楚歌"的典故，于是下令把会吹胡笳的军士火速聚集到帐下。到了后半夜，刘琨命令这支胡笳乐队朝着敌营的阵地，吹起了匈奴人最喜爱听的曲调。

月黑风高的深夜，一声声凄婉酸楚、悠扬动听的胡笳乡音，随着风声飘进了匈奴兵的大帐。帐下的兵士们听了，一个个忍不住暗自流下泪来。动听的旋律唤起了匈奴兵对家乡亲人的思念，大伙儿都情不自禁地附和着胡笳的乐声吟唱起来。这时候，谁还会有心思打仗呢？

第二天天蒙蒙亮，城头那凄楚的胡笳曲调，依然在城外原野的上空飘荡着，夹杂着阵阵呼啸的北风，是那样凄厉而摄人心魄。远远望去，依稀可见的匈奴兵们，用袖口擦着面颊，双双骑着马，三一群、五一伙地消失在远方。原来，他们是朝着家乡疾驰而去。

后来，石勒经过一番整顿，又率领大军进攻乐平（今山西省昔阳县西南）。刘琨派兵去救援，不料行进在山谷时中了埋伏，由于腹背受敌，又寡不敌众，几乎全军覆没。这时，又传来长安被刘聪攻陷的消息。看来苍天要灭西晋，这使刘琨十分无奈，无论自己怎样顽强，哪怕使出浑身解数，并州也难以保全了。他只好带领部下残兵，投奔幽州（今北京）去了。

那么，正当刘琨浴血奋战、冲出重围往幽州去的时候，祖逖又在做什么呢？

第十五章 中流击楫

公元311年，洛阳陷落，匈奴人占领了中原大地，无家可归的百姓纷纷逃往南方避难。祖逖由于没有兵权，无力对抗敌寇入侵，只好尽己所能，把一腔爱国之心全部倾注在对父老乡亲的保护上。他护卫着几百家乡亲向淮泗（今江苏省徐州市一带）转移。在逃难的路上，祖逖悉心照料着同行的人。他让老幼病残的人坐在马车上，又把粮食、衣物和药品分给别人，自己和其余的难民在车下跟随。与此同时，他组织了一支会武功的青壮年队伍，保护着逃难的人群，凡遇到乱兵劫匪，就奋起抵抗，直到把他们打散为止。

由于祖逖在途中帮助大家解决了很多困难，人们都很敬重和拥护他，愿意听从这位有勇有谋的兄弟指挥，并一致推举他为大家的首领。

祖逖到了长江南岸的泗口（今江苏省淮安市）时，琅邪王司马睿任命他为徐州刺史，不久又被征为军咨祭酒（掌管军队里祭拜卜算，预测天气与战争形势的官职）。虽然身在江左（长江下游南岸地区），但祖逖心中时常思念着失陷的中原。他坐卧不安，茶饭不思，总想着有朝一日能够挥师北伐，收复中原，重振汉业。

那时，承袭了父位的琅邪王司马睿虽然还没当上皇帝，但已身为安东将军，手里还是有些兵权的。祖逖报国心切，打算立即请战，就急匆匆地渡江赶到建康，一见到司马睿，就一股脑儿把心里话都说了出来："皇室内部争权夺利，自相残杀，导致朝廷大乱，国无宁日，给了胡人以可乘之机，致使中原失守。如今百姓惨遭胡人屠戮，尸横遍野，实在让人忍无可忍！眼下各地民众一致起来要求反抗，请将军以社稷民生为重，只要一声令下，派我们去抗击入侵的匈奴，臣一定全力以赴，寸土不让，收复失地。北方各地的广大民众，届时定会一呼百应，群起响应。"

司马睿见祖逖慷慨激昂，义正词严，实在找不出推辞的理由，可他骨子里却压根儿没打算恢复中原，觉着在建康待着挺好。于是他就采取了敷衍的态度，草草任命祖逖为奋威将军、豫州（今河南省东部和安徽省北部）刺史，仅仅拨给他一千人的粮饷、三千匹布，就算完事儿了。至于抗战最不可少的兵马和武器，却让他自己想办法筹措。

祖逖暗暗叹了口气，没想到自己满腔热血的报国愿望，一大半都落了空。虽然很失望，但是他仍然珍惜这个名分，并要利用这个名义上的官职，来整编北方那些落难的乡亲。经过精心挑选，祖逖组成了一支以青壮年为主的精悍队伍，每天进行军事训练。

313年秋，祖逖率军横渡长江，挥师北上。船行到江心的时候，祖逖望着滔滔逝去的江水，想到收复中原的重任，心潮起伏，热血沸腾。他走到船头，面对苍天，用长长的木桨一下下敲击着船舷（成语"中流击楫"，比喻收复失地、振兴事业的决心），慷慨激昂地向大家发誓说："父老乡亲们，我祖逖若不能荡平匈奴，收复中原，那就跟这江水一样，一去不回头！"

出征的将士们听了，一个个摩拳擦掌，群情激昂，众志成城地齐声喊道："愿随将军，荡平匈奴，收复中原，万死不辞！"震耳欲聋的誓言，一时响彻在长江两岸。

祖逖带领人马渡过长江后，驻扎在淮阴。他们一面抓紧制造兵器铠甲，一面招兵买马，扩大队伍。没过多少日子，就聚集了两千多人马，经过一番训练，就打起收复中原的旗号，向北继续挺进。他们一路浩浩荡荡，旌旗飘扬，威震四方，为此激发了沿途百姓抗敌的信心和勇气，不少青壮年加入北伐的军队里。

随着祖逖的队伍不断壮大，在一路北上的行军途中，接连打了几个大胜仗。祖逖乘胜追击，消灭了数万敌寇，逐步收复了黄河以南的许多土地。一时捷报频传，群情振奋。胜利的消息也震慑到盘踞在中原一带的地主武装。他们历来都各设坞堡，霸占一方，时常为了争夺地盘，搞得水火不相容，斗争十分激烈。

祖逖年少研习兵书，对当下的局势，采取了团结一切力量来抗敌的策略。为了壮大北伐的力量，他把各堡的地主头领分别请

两晋南北朝故事

到军中大帐,对他们晓之以理、动之以情,满腔热血地说道:"现在大敌当前,民不聊生,到了国破家亡的危难时刻。你们还在为了抢夺地盘互相争斗,那不就成了民族的罪人吗?"

一番话说得这些头领面面相觑,又瞥见大帐两旁一个个身披盔甲、手握兵器的彪形大汉,正在威严地注视着自己,都不禁惭愧地低下了头。祖逖接着说:"我可以既往不咎,但现在你们该怎么办?是继续争斗,还是立刻联合起来,共同抗敌,争做恢复民族大业的英雄呢?"

地方豪强们听了祖逖的话深受震动,不禁连连点头,表示从今往后要团结一致,共同抗敌。祖逖听了一阵欣慰,于是让他们握手言和,摒弃前嫌。大家很快达成了共识,主动提出把各堡的强壮青年连同武器、马匹一并交给祖逖调遣,支持北伐抗战。随后大家一致赞同祖逖的建议:对不听从号令、继续依附敌人的地方豪绅,进行坚决打击。打这以后,祖逖的北伐大业得到了地方武装力量的支持,队伍越来越强大,威望也越来越高。

319年,陈留(今河南省开封市陈留镇)地方的豪强地主陈川,为了保住他的家底儿,投降了后赵首领石勒。于是,祖逖决定进攻陈留。当队伍行进到了蓬陂(今河南省开封市)时,跟石勒属下桃豹率领的五万精兵遭遇上了。两军混战了四十天,双方的粮草都快断供了,还是不分胜负。

一天,祖逖叫人用布袋装满泥土,用绳子扎上口,派一千多名士兵扛着,装作运粮的样子,绕个圈子送到晋营。他又特意嘱咐几个士兵扛着米袋跟在后面,半路上有一袋米被推了下来,砸在地上摔破了口袋。这几个士兵也不着急,索性坐下来在原地休息。

桃豹在赵营看到晋军洒在地上那么多大米,眼睛都红了,趁晋兵歇脚的工夫,派了一群士兵来抢。晋兵听见动静,丢下那些米袋就跑了。赵营士兵抢到了洒落的那一袋米,马上先煮成饭吃了,等下顿打开其他米袋准备下锅时,没想到里面全是泥土,这才知上了当,一个个又气又饿,军心马上涣散起来。

桃豹急着向石勒求救。石勒派了一队人马,赶着一千多头驴子,驮着粮食给桃豹运去。祖逖探得情报,在道路两旁设下伏兵,乘粮队毫无防备,伏击成功,把后赵的粮食全部截获。这一来,桃豹的队伍再也熬不住了,连夜丢弃阵地,各自作鸟兽散。第二天清晨,匈奴军队全都不见了踪影。祖逖乘胜率军向北挺进,接连又攻克了几座匈奴盘踞的城池。

正当祖逖率军继续北伐,收复黄河以北的失地时,琅邪王司马睿即位,为晋元帝。昏庸的晋元帝见祖逖的势力日益壮大,心里十分忌惮,生怕祖逖的势力强大得不好控制,就派了一个叫戴渊的来当征西将军,统管北方六州的军事,让祖逖归他指挥。祖逖为国正在日夜奋战,捷报频传,想不到皇上这时给他来个釜底抽薪,突然削掉了他的兵权。他实在想不通,一时抑郁难熬,终于病倒了。

321年的一个夜晚,祖逖仰望着漫漫星空,想到自己满腔热血不顾生死、驰骋疆场奋力杀敌的一幕幕情景,不禁扪心自问:如今壮志未酬,反倒被朝廷无情打压,这究竟又是为哪般?他禁不住郁闷难平,当夜抱病而终,时年五十六岁。

第十六章 东床快婿

在东晋时期,琅邪王氏一族被认为是天下头号的贵族。当时,王导任宰相,王敦统率军事,成为东晋朝臣中权倾朝野的两兄弟。在王氏一族中,大多数人庸庸碌碌,不过有一位年轻人脱颖而出,独树一帜,他就是家喻户晓的王羲之。

王羲之(303—361年),字逸少,号澹(dàn)斋,琅邪临沂(今山东省临沂市)人,著名书法家,有"书圣"之称,东晋时期官至右军将军、会稽内史,人们又称他为"王右军"。王羲之从小就酷爱书法。笔墨不在身边时,他就用手指蘸着水,在石板上、木廊上甚至饭桌上练习书法,几乎到了如醉如痴的地步。

他平日走在路上,也反复琢磨着书法中横平

竖直这些习字的基本要领，怎样才能灵活地应用到每个字当中，尤其在下笔时，怎样才能处理好笔画之间的比例关系？笔画多的字又如何巧妙布局？如何达到耐人寻味的意境？总之，书法天地里这些无穷的奥妙，在他心中不断涌动着，无论走到哪里，他都会情不自禁地比画来比画去。

他常在家中的一个大水池旁练习写字。时间一长，砚台被一根根墨条磨得已经凹下去了许多。从坐着写到站着写，从伏案到悬腕，一天下来，他自己都数不清写了多少遍。他用池中的水一次次清洗砚台和毛笔，没过多久，一池子清水渐渐变成了黑水。

十三岁那年，王羲之偶然发现他父亲藏有一本专门讲解书法的书，叫《笔说》，就如获至宝地阅读起来。他父亲担心儿子年龄太小，没准儿会把这本书弄丢了，就要收回，答应等他长大以后再传给他。不料王羲之求学心切，跪在父亲面前，希望允许他现在就阅读学习。父亲很受感动，觉得儿子这么小就执着地学习书法，将来定会成才，就马上答应了他。

年复一年，王羲之的书法有了质的飞跃，从工整到隽永，从气派到气韵，水平越来越高。面对越来越多的赞扬声，他并没有自满，反而对书法的探求更加上心了。他不断精益求精，总希望能够写出更有神韵和灵气的字来。

天长日久，功夫不负有心人，王羲之博采众长，心摹手追，精研体势，达到了意在笔先的境界；不但擅长书写隶、草、楷、行各体，且能融会贯通、熔于一炉。难能可贵的是，他的书法摆脱了汉魏笔风而自成一家，风格平和自然，笔势委婉含蓄，遒美健秀，超凡脱俗。

据载，王羲之的婚事，也跟他迷恋书法有着不解之缘。

王羲之的堂伯父就是东晋时期的宰相王导，他和当朝太傅郗（xī）鉴是好友。郗鉴有个女儿，长得如花似玉、才貌出众。一日，郗鉴对王导说，他想在王家一族的小伙子中，为女儿选一位称心的儿郎。王导听了很高兴，心想，太傅提出和王家联姻，无论于公于私，都是好事一桩啊。于是他立即同意由郗鉴来挑选。

王导一回到家里，就将郗鉴希望在家族选婿的事告诉了各位子侄，子侄们久闻郗家小姐德贤貌美，都盼望有朝一日，能够美美地娶到她。这会儿他们一见王导当起了牵线"红娘"，都兴奋得不行，盼着自己能被选上。

等到郗家选婿的那一天，王家子侄们一早起来，各自忙着精心打扮，挑出最帅气的衣服穿在身上，蹬上最时髦的靴子，一个个精神抖擞，谈笑风生，在厅堂里来回换装，互相比着穿戴，好不热闹。这时，只见王羲之跟个没事儿人似的，对选婿的事不闻不问，独自躺在东厢房的榻上，侧身一手托着腮帮，一手在凉席上左右比画着，专心琢磨着那本《笔说》。

郗家来的人进门后，乐呵呵地打量了一番王导的子侄们，回去向郗鉴禀报说："王家诸儿郎都不错，个个帅气。只是他们事先得知了选婿的消息，不免有些争先恐后，喜欢抛头露面罢了。只有东厢房的那位公子，躺在榻上毫不在意，一个劲儿地在席上用手指比画着什么，卑职实在看不明白。"

郗鉴听了忍不住拍了拍手，高兴地说："东床那位公子，你

两晋南北朝故事

知道是谁吗？他一定是学有所成的王羲之。这孩子潜心学业，深藏不露，将来在书法上必成大器。其实，这才是我中意的女婿呢。"属下听了摸了摸脑门儿，说："原来是真人不露相啊，幸亏当时看了一眼，差点儿误了大事。"

不久，郗鉴把他心爱的女儿许配给了王羲之。王导的其他子侄眼瞧着这么漂亮的意中人许配给了王羲之，一个个羡慕得要死，嫉妒得要命。没办法，谁叫人家是大才子呢！于是他们戏称王羲之为"东床快婿"。从此"东床"一词，也就成了女婿的美称了。

王羲之还有个爱好，就是赏鹅。不管哪里有好看的鹅，他都要跑去看看，要是瞧着顺眼，就把它买回来观赏。他认为养鹅不仅可以陶冶情操，增添乐趣，还可以从鹅行走的体态上，领悟到书法执笔、运笔的微妙所在。尤其碰上品种好的鹅，细细观赏起来，实在妙不可言。

山阴有个道士，很想拥有王羲之的墨宝，一心想请他写一卷《道德经》。他听说王羲之从来不肯轻易替人抄写经书，正在一筹莫展时，偶然听说王羲之喜欢观赏白鹅，于是买下了一群品种上好的鹅，每天都放养在门前的小河边，以等待机会来临。

夏日的一个清晨，王羲之和儿子王献之乘着一只小船，游览湖光山色，船行到一个小码头的地方，只见河岸边有一群白鹅，摇摇摆摆地走来，憨态可掬，不时地发出"嘎！嘎！"的叫声。王羲之一下子被这群白鹅给吸引住了，看得入了神。只见几只白鹅刚下水，就扑扇着翅膀飞出河面，溅起一片水花，他好不开心。

等船一靠岸，王羲之忍不住见人就问，得知这些鹅是一位道士豢养的，就请当地人协助引见，于是很快找到了鹅的主人。一阵寒暄过后，王羲之希望道士能把这群鹅卖给他。道士拱手说道："欣闻大人喜鹅，这群鹅正是贫道为您饲养的。大人亲临道观，在下幸甚之至，遂将如数相送。只是想请您代写一部道家经典《道德经》，倘能珍藏大人的墨宝，贫道将不胜荣幸。"王羲之求鹅心切，欣然答应了道士提出的条件。

此后，这位道士如获至宝，喜不自胜地把王羲之的墨宝珍藏于道观堂内，逢人进观拜访，就时常赞叹一番。王羲之的显赫名声传到了皇帝的耳朵里。据说，有一年皇帝要到北郊去祭祀，特意派人请王羲之把祝词写在一块木板上，然后再派木工照着字雕刻。

木匠师傅把写好字的木板雕刻了一层又一层，发现王羲之的书法墨迹，已经深深印到木板里了。直到他削进三分深度才见字底，此时木匠不得不惊叹王羲之雄劲的笔锋力度，竟能入木三分。原来，"入木三分"这个成语就是这么来的。

公元353年农历三月初三，王羲之同谢安、孙绰等四十一位文人学子，相聚山阴（今浙江省绍兴市）兰亭修禊（汉代以后，设定农历三月初三人们到水边相聚祈福，以驱除不祥，称为修禊；禊 xì）。面对江南美景，众人饮酒赋诗，汇诗成集。王羲之即兴挥毫作序，撰写了一篇纪念这次活动的文章，这就是流传至今、脍炙人口的《兰亭序》。

此帖为草稿，28行，324个字。记述了当时文人雅集的浪漫情景。王羲之当时挥毫如剑，其中有二十多个"之"字，风采照人，写法各有不同。后人将其奉为"天下第一行书"。

几百年后,传说唐太宗李世民对《兰亭序》十分珍爱,临死前还惦记着这个珍本,嘱咐左右将它一同殉葬于昭陵。如今流传下来的皆是后人的摹本。

第十七章 一代画圣

在大书法家王羲之之后，东晋还涌现出了一位有名的大画家，叫顾恺之（约348—409年），是晋陵无锡（今江苏省无锡市）人，被人们誉为一代画圣。他曾在桓温、殷仲堪手下做过参军，官至散骑常侍（官名，魏晋时期的皇帝顾问，陪伴皇帝身边参与国事讨论）。顾恺之天资聪颖，善于观察，不仅擅长画人物肖像，而且对周围环境的描绘也栩栩如生，不但丰富了画中主题，更增添了作品的意境。人们不禁称赞他有三绝：才绝、画绝、痴绝。

在顾恺之的三绝才艺里，以"画绝"最为著名，这使他的作品流芳百世。他最擅长人物肖像画，强调画作首先要传神，尤其注重点睛。他认为"传神写照，正在阿堵中"（"阿堵"即这、这个，这里指的就是眼睛）。有一次，顾恺之应朋友邀请，给人画扇面。对方希望扇面上展现"竹林七贤"中的阮籍和嵇康的画像。半晌，画作完成了，朋友一眼望去，栩栩如生，等走近一瞧，却没画上眼珠，不禁有些纳闷儿，不解地问："为什么不画上眼珠呢？"

顾恺之笑呵呵地说："要是画上眼珠，扇上的人万一说起话来，还不得把你给吓着？"说完哈哈大笑起来。朋友一听，才知道顾恺之有意跟他留一手，把点睛的绝活儿放在最后，为的是给他一个惊喜。接下来，朋友目不转睛地看着画圣寥寥几笔，巧妙地完成了点睛，不禁拍手大加赞扬。

顾恺之二十岁的时候，建康的瓦官寺（位于南京市秦淮区集庆路南侧）需要重新修建，该寺始建于东晋兴宁二年（364年），至今已有一千六百多年的历史，名列中国五山十刹，是中国佛教史上的重要寺院。当时寺内的僧人们苦于缺钱建庙，就向京城的善男信女、士大夫们募款。几天下来，虽有不少人捐钱，但是数额远远够不上修建的费用。眼看雨季就要来临，修建计划即将落空，僧人们都急得不行。

顾恺之得知后，跑过来说："我可以向你们捐一百万钱。"僧人们知道顾恺之是画家，但并不是什么有钱人，他哪来的一百万钱呢？一些捐了些钱的士大夫本来就妒忌他才艺过人，这会儿就压低了嗓门儿对僧人们说："笑话，他怎么能拿得出一百万钱？这肯定是在吹牛，难道你们也信？"

寺院里的僧人连日来每晚都数着募捐来的那点钱，怎么也还是差着将近一百万钱。这会儿哪有心思听他吹牛呢？僧人们都认为顾恺之是在戏弄他们。有位僧人向他合掌而立，不紧不慢地说："施主无钱捐赠亦无妨，切勿在佛门净地口出戏言。"

顾恺之一听，也跟着合起掌来，胸有成竹地对僧人们说："既然已经承诺，怎能少了寺庙分文？至于捐赠数额百万，绝非儿戏之言，只须众僧将寺院主墙重新修复平整，粉刷一新，待我在寺里作画数日，画作完成之后，钱就能到手了。"

僧人们听了半信半疑，为了早日开工，只能试试看再说。趁着天气好，众僧当天就行动起来，搅浆刷壁，很快就干完了。第二天，顾恺之带上画笔、颜料，来到寺院，在洁白如洗的墙面上开始作画。他画的是佛教里的故事，精心描绘一位信佛而不出家的居士维摩诘的画像。

数天后，一幅栩栩如生的画作终于完成了，只是画中人的眼珠没点上。寺里的僧人们围观了好半天，议论纷纷，不明白这是为什么。顾恺之说："等开庙的那一天，我就给维摩诘像点上眼珠，那时可以让民众来参观。不过有一个条件：第一天来寺庙参观的人要施舍一万钱，第二天参观的人要施舍五千钱，第三天来的人嘛，就随意捐吧。"

当天，顾恺之次日要给佛像点睛的消息传开了。第二天一大早，上百人纷纷拥入瓦官寺，人们都想占个好位置，可以更清楚地观看顾恺之的神来之笔。天色渐渐亮了起来，前来入寺观画的人越来越多。此时，金灿灿的阳光正好照耀在这面平整的白墙上。

只见顾恺之不慌不忙地举笔点睛。说也神奇，只那么潇洒的

故事里的中国历史

寥寥数笔，在暖阳的照射下，刚才还在打盹儿的维摩诘，此时突然活了起来，变得容光焕发，神采奕奕。那笑容可掬的神态，好像正在和寺院里的民众讲述着自己的神奇故事……

人们被眼前瞬间的变化惊呆了，沉寂片刻，顿时掌声如潮，爆发出一阵阵喝彩声。这震耳欲聋的叫好声，打破了建康都市清晨原有的安宁。于是一传十、十传百，慕名前往参观的民众络绎不绝，并争先恐后地相继捐钱。开庙第一天，募集到的捐款就超过了一百万钱。

从此，这幅维摩诘壁画像，使瓦官寺蓬荜生辉。栩栩如生的点睛之笔，多年来传为佳话。在这幅名作完成后，顾恺之的名声就更大了。

顾恺之的三绝中，"痴绝"更让人们出乎意料。他的痴，表现在对人情世故看得透彻，从不计较一事一物的利益得失，体现了画家对艺术追求的那种心无旁骛的纯真境界。

由于顾恺之的名声远远超过了周围的同辈人，不免遭到了一些妒忌。其中就有他上司桓温的儿子桓玄，这是个不学无术的纨绔（wán kù，借指富家弟子）子弟，整日游手好闲，见顾恺之才华出众，就想方设法戏弄他。

一天，他把一片柳叶递到顾恺之手里，神秘地说："这可是'蝉翳（yì，遮蔽的意思）叶'。当时有一种传说：蝉如果躲藏在一片叶子底下，鸟雀都看不见它，蝉才不会受到伤害。"接着桓玄故弄玄虚地又对顾恺之说："如果有人躲在这片神秘的叶子后面，用它遮蔽自己，别人同样看不见。"

顾恺之听了，天真得好像小孩子似的，兴奋地用柳叶挡住自己的眼睛。桓玄就趁机搞起了恶作剧，故意对着他撒尿。顾恺之揣着明白装糊涂，佯装自己被柳叶遮住，什么也没看见。他明知对方有意挑衅，一味在羞辱自己，可权衡利弊下来，就只好装成没事儿人似的。这种宠辱不惊的表现，往往能避免一场极易发生的激烈决斗。

桓玄见顾恺之一点儿不生气，自己却扫了兴，于是他不肯罢休，还要找机会羞辱顾恺之。当他看见顾恺之在出远门前，正把自己的一些画卷放在一个小箱子里时，就假惺惺地向他提出代为保管。顾恺之想都没想，大大方方地交给了他。桓玄拿到箱子，趁周边没人，就偷偷地揭开封条，打开一看，里边都是顾恺之的画作，于是统统盗走，再把空箱子按原样封好。等顾恺之回来后，桓玄马上把箱子还给他，心虚地说："箱子还给你，我可没动过啊。"

顾恺之拿过箱子打开一看，一张画都没了，站在桓玄旁边的纨绔子弟们都想看他的笑话，桓玄更是心怀叵测，就等着他发火。只听顾恺之惊叹道："阿也！古人云：上好的画都有灵性，能够随风变化而去，藏于天地之间，化于美景之中，就像圣人羽化登仙一样。真是太奇妙了！"他一边说着，一边跟没事儿人似的高高兴兴地走了。

其实小人作祟，顾恺之心里很明白，他知道若是跟朝廷重臣的儿子沉下脸来讲道理，定会招惹灾祸上身。于是，他选择了用孩童般天真乐观的样子来对待，反而能够化险为夷。由于他视绘画艺术为生命，担心一旦陷入被小人挑衅的琐事，将会对他造成羁绊，以致影响对绘画艺术的执着追求。

顾恺之一生创作了很多优秀的作品，由于多年的战乱与动荡，现在留存于世的仅剩下《女史箴图》和《洛神赋图》这两幅画的摹本了。

第十八章 陶侃逸事

在东晋王朝成立早期，曾出现过一位显赫的大将军，他叫陶侃（259—334年），字士行，原籍鄱阳郡（位于江西省鄱阳湖东岸）人，后迁居庐江郡寻阳县。他年轻时在县城里当过主簿，一直做到荆州刺史，后来又掌管了六州军事，成为当时最有实力的人物之一。

陶侃小时候家里很穷，父亲因患病没钱医治，过早地离开了他们母子。由于家境贫寒，只能靠母亲一人纺线织布勉强维持生计。母亲为了培养儿子，付出了自己全部的心血。

在魏晋时期，科举制度还没有出现，官场注重出身门第和权贵举荐，陶侃要想在仕途上有所作为，成为将来的国家栋梁，就得结交一些有名望的人，只有得到他们的认同，才有可能被举荐上去。可是他出身贫寒，家境困苦，这使他在对外交往上产生了很大的心理压力，常常闷闷不乐。

陶侃的母亲湛氏看在眼里，不断鼓励陶侃去积极结交朋友。由于母亲的全力支持，陶侃与人交往时的心态自然就放松了许多，言谈举止也显得自信多了。在此期间，他被时任庐江郡寻阳县功曹（古代为郡守、县令的佐吏，主管考察、记录业绩）周访看中了，在他的推荐下，陶侃到县里做了个小吏，初步摆脱了贫困的命运。

随着交往的深入，周访不但看上了陶侃的才能，更欣赏他正直与谦逊的品格。不久，两家结为姻亲。有一次，陶侃得知鄱阳郡孝廉范逵傍晚要经过自己家门，打算借宿一晚。时逢寒冬腊月，又连续下了几场雪，陶侃家中的粮食快吃完了。这些事范逵全然不知，一行人如期而来，这可把陶侃给难住了。陶侃的母亲湛氏对他说："放心吧，到时候你只管把客人留下来，招待他们的饭食，我来想办法。"

湛氏想来想去，就想到了自己的头发，这把乌黑发亮的头发，她留了好多年，如今几乎垂落到了膝盖。她用手爱惜地捋了捋，接着又攥了攥，捧在自己的面颊上，闭着眼睛静静地贴了好一会儿，然后一把攥住，狠了狠心，用剪刀咔嚓一下剪了下来，编成两条又黑又亮的大辫子，拿到市集上立刻就卖掉了，接着买了几担米，解决了家中待客的燃眉之急。

回家后要起灶烧锅，偏偏柴火不够，为救急，湛氏把门廊上的柱子削下来一些当柴烧，把过冬的草垫子都剁了做成草料，准

故事里的中国历史

一二四

备给客人的马匹喂食。接着她又把家里唯一下蛋的母鸡给杀了，熬了一大锅鸡汤。到了傍晚，范逵一行人刚走进门，一桌丰盛可口、香喷喷的饭菜便摆上了堂桌，随从的仆人也都被招待得很周全。

范逵一见陶侃家如此简朴，不想过多打搅，只是小坐一会儿就想告辞，没想到母子二人这么热情相待，连马匹吃的草料都准备得细致周到。他除了赞赏陶侃的才智和品德，还对母子二人的盛情款待深表谢意。第二天一早，范逵告辞出行。陶侃送了一程又一程，几乎送出了几十里。临别时范逵问他："你想为国效力，去郡中任职吗？"

陶侃不好意思地答道："想啊，只是在下苦于没有进身之路啊。"范逵说："嗯，若有机会，我会酌情给你引荐的。"然后他拍了拍陶侃的肩膀说："回家吧，已经送得很远了。"

陶侃连连拱手相谢，站在原地又目送了范逵一段路才返回。不久，范逵拜见了庐江太守张夔（kuí），称赞陶侃的才德。在范逵的举荐下，张夔就召陶侃为督邮，兼任枞阳（今安徽省铜陵市；枞zōng）县令。后来又升职做了龙骧将军、武昌太守。

陶侃自幼家教极严，一直铭记着要振兴社稷，要以百姓为衣食父母。如今当了县官，母亲仍旧一再叮嘱他要尊民、爱民、亲民，凡事应以身作则，不可图谋私利。

枞阳是盛产鱼虾的江南水乡，陶侃经常到湖边察看渔民生产。当时枞阳有一种特制的鱼产品，叫作"鲊"（zhǎ）。渔民们爱戴陶县令，就送他一陶罐自家做的鲊。陶侃推辞不下，收下后就派人送回家，孝敬老母亲。不料他母亲收到鲊后立即将陶罐封起来，并写了一封信，责怪陶侃说："你是一名官员，怎能随意收受渔民的东西？我要是收下的话，反而会为你感到担忧啊。"从此，陶侃不忘母训，谢绝了百姓相送的任何物品。

西晋末年，"八王之乱"闹得鸡犬不宁，江南一带动荡不安。陶侃为了建功立业，投身军旅生涯。公元315年，陶侃率兵击败了杜弢（tāo）的反晋武装，乘胜又攻克了长沙，一时声威大震。朝廷为了表彰陶侃，封他为荆州刺史。

在那个饥荒年代，荆州附近常有贼人出没，拦江打劫，一时闹得人心惶惶。陶侃几次派兵追剿，却都被狡猾的贼人溜掉了。陶侃一琢磨，与其被动地追击，不如假扮商船来引诱这些贼人。一切安排妥当后，贼人果然上当了，前来打劫的几个匪寇被逮了个正着儿。经审讯才知，原来这些人都是西阳王司马羕（yàng，司马懿之孙）的随从，趁着兵荒马乱，一伙人做起了强盗的勾当。

陶侃怒不可遏，立刻调遣军队进逼司马羕，命令他交出其余拦江打劫的人。司马羕因放任士兵抢劫，自知理亏，不得不将属下二十人捆起来送交陶侃。陶侃不由分说，将这些贼人押回营地，斩杀了，为民除了害。此后，在水路和陆地打劫的土匪被陆续剿灭。逃亡在外的百姓闻讯纷纷返回家乡。陶侃见了这些逃难返回的父老乡亲，深表同情，竭尽财力救济他们。

这位荆州刺史的功绩很快传到了朝廷，得到了众人的一致赞誉。不料，掌管东晋兵权的王敦因妒忌陶侃功劳，就找了个借口解除了他的兵权，并把他贬为广州刺史。那时候广州还是个偏僻的村落，这明摆着是降了他的职。

陶侃到了广州后，因乡野公务少，一下子变得清闲起来。但他并没有贪图享受，而是让人运来上百块大砖，他早晨将砖一块块搬到房外，下午再如数搬回屋里，常常累得满头大汗，气喘吁吁。旁人笑话他吃饱了撑的没事干，他却一本正经地说："我正当壮年，日后有机会一定要平定中原，报效国家。生活一旦过分悠闲自在，就会使人变懒，还会降低身体的机能，以后如何担当重任？"众人听后不禁肃然起敬。

后来，王敦叛乱失败，东晋王朝又把陶侃提升为征西大将军兼荆州刺史。荆州的百姓本来就爱戴陶侃，听到他回来，都高兴地争相转告。陶侃官复原职，做人就更加小心谨慎了。荆州衙门里大大小小的事情，他都要亲自过问，认真检查，在听取众人意见后，才做出决定。他常对人说："大禹是圣人，因为珍惜时间，时刻忙于治水，三过家门而不入；至于普通人，应仿效大禹惜时如金，怎能一味追求享乐？若活着对百姓没有益处，死了也不会被人们记起，因此，怎么能庸庸碌碌、自毁前程呢？"

有一年，因战备需要造一批战船，作为荆州刺史，他常去现场视察督导，发现大量造船剩下的竹头和木屑，被扔得到处都是。陶侃觉得很可惜，就下令将所有的竹头和木屑都收起来保管好，不准扔掉。没几天，竹头和木屑就堆成了小山。大家都有些纳闷儿，这些废物留着又有什么用啊？

到了春节前夕，突然天降大雪。第二天，满大街都是雪水，人们出行成了问题。按照惯例，每逢初一人们要在县衙大院前集会，共贺新年，届时车水马龙、人来人往，必定会将门前弄得脏乱不堪，万一有谁滑倒跌伤，人们就会认为很不吉利。

下属们正在着急，不知如何是好。陶侃却胸有成竹地说："去把那堆木屑拉来垫在街上不就成了？"大家一听，恍然大悟，不由得对陶侃做事的细心程度暗暗佩服。大年初一那天，大家踩着木屑，谁也没摔着，兴高采烈地欢度了这个春节。

陶侃去世后不久，东晋大将桓温组织渡船北伐，发现打造战船缺少许多装配船用的竹钉，于是想起了陶侃生前曾下令保存了许多竹头，这回造船可全派上了用场。这时候，大家才体会到陶侃当初收集木屑和竹头的用处，钦佩他能够做到未雨绸缪，凡事考虑得细致周到。

第十九章 桓温北伐

征西大将军陶侃平定了叛乱以后，东晋王朝好不容易获得了一段时期的安定局面。可是好日子没过多久，北边就乱了起来。当初石勒建立的后赵天下，由于他的侄子石虎篡位，在朝廷连杀带砍地断了根脉，再也没了人气儿。

北方连年混战，倒是给了东晋朝廷一个收复失地的机会。时任安西将军兼荆州都督、掌握长江上游地区兵权的桓温，曾于公元347年伐蜀战役中取得大胜，灭掉了李特建立的成汉国，为东晋王朝立下了汗马功劳，为此声名大振，被朝廷册封为临贺郡公。

永和五年（349年），后赵皇帝石虎病死了，内部开始分崩离析，随即发生了争夺皇位的大乱。

350年，后赵汉族大将冉闵趁乱杀死了后赵君主石鉴，夺取后赵政权自立为帝，定都邺（今河北省临漳县），国号魏，史称冉魏；鲜卑贵族慕容氏乘机南侵，将冀州、兖州、青州、并州等圈地为牢，建立了前燕；伺机出手的氐氏贵族苻（fú）健也非等闲之辈，这会儿趁机占领了地处关中平原的长安，建立了前秦。桓温见北方已乱成了一锅粥，为了借此扩大势力，就立刻向晋穆帝（东晋第五代皇帝）请战，要求率军北伐。

当时晋穆帝只是一个不满十岁的小孩，完全由他母亲褚太后替他执政。褚太后担心桓温的势力太大，唯恐日后难以控制，就和会稽王司马昱（yù）商量。谨小慎微的司马昱思来想去，就跟褚太后想到一块儿去了，于是让扬州刺史殷浩参与朝政，打算派这个文官去带兵北伐。

桓温始终未得到朝廷的回复，心中很是诧异。后来得知是殷浩被调来替代自己，不免有些气恼，这不是成心挤兑人吗？不过他熟知殷浩这人患得患失，成不了什么气候，倒也没太当回事儿。再说，自己已拥有八州之地，趁此机会韬光养晦，招募军士、积聚资源，等到兵强马壮了，还怕朝廷不成？

就这么不到两年工夫，桓温的势力已发展到相对独立的状态，于是渐渐不太把朝廷放在眼里了。朝廷这边眼瞧着桓温势力日益壮大，与以往相比实在不可同日而语，以至不能随意征调，只好将就着对他维持羁縻（jī mí，笼络与控制）的状态。好在国都没什么大事，君臣在面儿上还都过得去。

到了永和七年（351年）十二月，羽翼丰满的桓温又决定去北伐，这回在心腹龙骧将军袁乔的建议下，再次上演了当初伐蜀用过的"拜表辄行"（指擅自行使）这个招数：当你朝廷看到表文时，我已经亲率五万大军出征了。就这么浩浩荡荡地一直行进到了武昌（今湖北省鄂州市鄂城区）。

朝廷为此惊恐不安，担心他擅自行动一旦深陷敌境，必将损失惨重；若是旗开得胜，也难免犯了功高盖主的忌讳。平日就怕事儿大的司马昱赶忙写信给桓温，好说歹说地劝阻了一番。桓温虽然一仗也没打，却把朝廷给震慑了一下子，当率军返回荆州后，朝野上下更是不敢小瞧他了。

此后的两年中，本打算辞官躲避的殷浩由于诏令在身，不得不领兵北伐，谁知惶惶然出兵刚到洛阳，就发生了部队先锋姚襄的倒戈事件。殷浩一下子傻了眼，不知如何是好，结果贻误了重大战机，被羌族人打得丢盔卸甲、溃不成军，死伤了一万多人马，连辎重也都被掠夺殆尽。

消息传来，朝野上下怨恨不已。永和十年（354年）正月，桓温再次上奏朝廷，要求亲自率兵北伐，同时列举了殷浩多次战败的罪状。褚太后气得直跺脚，骂了一通殷浩这个蠢材，将他废为庶人。随后她敦促晋穆帝封桓温为征西将军，终于同意桓温带兵北伐。

同年二月，征西将军桓温率领晋军四万，从驻所江陵出发，分兵三路进攻前秦国都长安。前秦皇帝苻健派了五万大军，由自己的太子苻苌和弟弟苻雄带领，在峣关（古关名，故址在今陕西省商洛市西北，因临峣山得名）抵抗晋军。桓温亲自上阵督战，一仗打下来，前秦军败得稀里哗啦。接着桓温的弟弟桓冲又在白鹿原（陕西省关中地区）击败了苻雄的军队。前秦军接连吃了几个败仗，士气大为受挫，士兵们早已无心恋战。苻健只好带了六千多名老弱残兵退守长安，命人深挖沟壑，坚守城池。

桓温乘胜进军，最后屯兵灞上。关中一带的郡县官员一看大势已去，纷纷向晋军投降。桓温为取得民心，发出安民告示，抚慰百姓，希望他们安居乐业。当地百姓吃尽了战乱的苦头，这下终于能过上安稳日子了，都欢天喜地、自发地拥向晋军大营去慰劳将士们。

在饱尝亡国之苦的关中百姓里，有几位耄耋老人也加入了慰问的人群。他们一见到晋军，激动地含着泪说："想不到今天还能见到官军啊！"得知晋军几场战斗打下来，粮草储备已不多了，就建议桓温他们，等关中的麦子熟了马上去收割，就可以补充军粮。

桓温热情地招待了这些在历次保卫家乡的战斗中侥幸活下来的老人，同时也从他们那里了解到固守城池的苻健在不断调动人马、储备粮草、积蓄力量。桓温琢磨着，如果现在与前秦死拼，一旦失利，就会落得像殷浩一样的下场。再说，自己北伐的主要目的是赢得威望和权力，从而进一步摆脱东晋朝廷褚太后等人对自己的钳制。

桓温听从了老人们的建议，就等着关中的麦子早点熟，再派兵士去抢收。他心想，这样既补充了军粮，又断了前秦的粮草供应，以此不战而屈人之兵，不正是一举两得的好事吗？没想到苻健的心眼儿一点儿也不比他少。他一边采取坚壁清野的方式固守长安，

告示

一边派探子随时打听桓温的动向。

当苻健得知对方既不进攻又不撤退,就料到桓温等着收割麦子呢,于是马上派兵把还没长熟的整片麦田,一夜之间全部割光了。桓温做梦也没想到苻健会来这一手,眼瞧着军粮快断了,不禁向茫茫夜空叹道:"北伐大业,已初战告捷,无奈天不助我呀!"只好沮丧地退回江陵。

桓温第一次北伐虽然没能成功,但毕竟打了几个胜仗,晋穆帝觉得他没有功劳但有苦劳,比那个光打败仗的殷浩强百倍,于是嘉奖了桓温,将他提升为征讨大都督。

一年多来,桓温操练兵马,养精蓄锐。到了356年,北方又出现了骚乱局面,桓温立刻上书朝廷。随后,他再次率兵进行北伐,并一举攻克了洛阳。虽然战功赫赫,被晋升为大司马,可说不定什么时候就会被削权。为此桓温上书晋穆帝,要求朝廷移都洛阳,以达到他反制朝廷的目的。结果被朝廷拒绝,桓温一气之下率兵返回了南方。

不久,洛阳就被前燕夺得。桓温前两次北伐虽算不上建功立业,却为自己赢得了足够的政治资本和军事实力。为此他在东晋朝廷中的势力越来越大,几乎到了说一不二的程度,远比皇帝还要牛。

369年四月,桓温亲率步骑五万,发动了第三次北伐。他希望这次能通过讨伐前燕而建立功勋,企盼着一直看好他的皇帝会禅位给他。出乎他意料的是,这次北伐不同以往,在前燕慕容垂神出鬼没的八千骑兵攻击下,桓温麾下的数万兵马,不但被打乱了阵脚,还被切断了粮食供应,最终军粮耗尽。熬到九月,桓温大败,死伤三万人，不得不焚毁战船，退军而去。

慕容垂见晋军败退，继续率八千骑军追赶，与桓温大战于襄邑（今河南省睢县）。结果晋军兵败如山倒，逃回来的只有六七千人。这个前所未有的大败局，使桓温信心尽失，变得疑神疑鬼，看谁都不顺眼，只想着如何篡夺皇位了。他甚至大言不惭地说："男子汉如果不能流芳百世，就干脆遗臭万年。"

372年七月，得了重病的简文帝传下遗诏，由太子司马曜继承皇位，让桓温摄政，效仿周公。但侍中（魏晋以后，侍中往往相当于宰相）王坦之、谢安等人为了对抗桓温，暗将遗诏中的"摄政"改成了"辅政"。简文帝驾崩后，桓温本以为简文帝临死前会禅位给自己，最起码也得让自己摄政，不料大失所望，为此怨愤不已，索性带兵进了建康。

373年二月，桓温率大军到了建康城外，满朝官员前来迎接。一见桓温怒气冲冲，身边的兵士全副武装，好像要来打仗的样子，几个文官吓得直往后退。此时桓温望见不远处对方的旌旗飘扬，又瞥见一排排士兵在旗下列队待命，就知道朝中的达官士族已经牢牢地把持着朝政，看来早有防备。权衡下来，反对他的势力还不小呢！为此，就没敢轻易动手。

桓温没能圆上皇帝梦，感到十分沮丧，不久就变得气急败坏起来，天天跟中了魔似的冲手下人发火，谁见了他都躲得远远的。他心里老想着，这辈子皇帝没当上，还活个什么劲！结果越想越来气，很快就病死了，终年六十二岁。

第二十章 扪虱寒士

在桓温第一次北伐的时候，由于被苻健抢先一步收割了粮食，他只好退兵南下，错过了灭掉前秦的绝好时机，同时也错过了招揽一位贤臣志士的好机会，这个人就是后来名满天下的奇人王猛。

王猛出生于公元325年，那时西晋已经灭亡，北方正处于混战时期，到处硝烟弥漫，民不聊生。家境贫寒的王猛，自幼随家人颠沛流离，吃了不少苦。因为贫穷，小小年纪就以贩卖畚箕（běn jī）为生，数九寒冬，南来北往地奔波劳累，尝尽了生活的艰辛。

少年时代的王猛，虽然一直在底层煎熬度日，却没有被生活的重担压垮。他十分注重学习，如饥似渴地汲取各种知识，尤其对兵书有着浓厚的兴趣。面对《孙子兵法》十三篇经典军事著作，他反复研读，烂熟于心。成年后的王猛，一心想为国家做一番大事业，用自己的聪明才智，来实现重振社稷的远大抱负。

王猛曾经出游后赵，走遍国都邺城，遗憾的是无人赏识这位学富五车、满腹经纶的奇人。后来，有一位叫徐统的伯乐，终于识得了这匹千里马。徐统在后赵时任侍中，召请王猛为功曹。王猛觉得徐统有点儿小瞧了自己的能耐，要是在邺城当个小功曹，恐怕没有机会实现自己的志向，于是找了个借口，谢绝了邀请，来到华阴山隐居起来。他暗暗拿定主意，要寻找一位值得自己辅佐的贤明君主，才能学以致用，充分施展才智，报效国家。

354年，东晋大将军桓温北伐，苻健连连受到重创，被逼到长安城里死守。桓温驻军灞上，伺机再战。关中的父老乡亲们都在庆幸自己的苦日子终于熬到了头儿，男女老少都兴奋地携带酒肉，争相前去犒劳驻军灞上的军士。王猛听到这个消息，特意身穿麻布素衣，一身隐士模样前往大营，想见见桓温，看他是不是一个值得投奔的人。

桓温正想招揽人才，很热情地接见了他，寒暄过后，就请王猛谈谈当今天下形势。王猛口若悬河，把南北双方的政治、军事形势，分析得头头是道。他兴奋地大谈时局，却不由自主地把手伸进衣襟里扪（mén，摸）起虱子来。左右的兵士见了忍不住捂着嘴偷笑。王猛照样旁若无人，一边捏搓着虱子，一边跟桓温谈得起劲儿。

桓温见王猛谈吐不凡，胸怀大志，心中暗暗称奇，不禁脱口问道："请问，我奉天子之命，统率数万精兵，为国讨伐逆贼，长途跋涉征战到此，不辞辛苦为民除害，而关中豪杰却没有人到我这里来效力，这是为什么呢？"

王猛听了，心想这算是问到点儿上了，于是直言不讳地回答："这正是此次北伐最关键的问题。您不远千里深入敌境，率部将敌人打得溃不成军，逃进城内。而长安城近在咫尺，您却屯兵灞水，没有乘胜追击，渡过灞河去把它拿下，这不是给敌人以喘息的机会吗？关中的豪杰们可都看在眼里呢，谁都会感到不可思议，更猜不透您的心思，所以就不可能轻易来投奔您。"

王猛这一番话说中了桓温的要害。接下来，王猛又分析了桓温北伐的主要目的，继续敞开天窗说亮话："您是想在东晋朝廷树立起自己的威信，从而在政治上来制衡朝廷上的对手，因此，尽管胜利在望，却屯兵灞上，而不去继续攻打长安。这一点您一定比我明白。"

桓温听到这儿，不觉咕咚一声咽了口唾沫，微微点了一下头。心想：这小子太厉害了！

王猛接着说："大概您早已盘算过，若是强攻，一定会损耗军队的实力，弄不好杀敌一千，自损八百，会大大削弱自己的势力，以后拿什么跟朝廷抗衡呢？所以才按兵不动，结果贻误了战机。"

桓温一听对方把自己的企图讲得如此清晰透彻，越发认识到面前的这位扪虱寒士非同凡响，不禁由衷地赞叹道："听君一席话，钦佩不已，看来江东没有一个人能比得上您的才干啊！"

两晋南北朝故事

一二九

桓温从关中退兵前，一再要赐给王猛华车良马，又授予他很高的官职，打算请王猛一同南下，共谋大业。王猛深知东晋王朝内部矛盾重重，少不了刀光剑影。倘若自己在这种士族强大、派系纷争的朝廷中入仕，很难有所作为。于是他谢绝了邀请，继续隐居在华阴山。

随军将士一看，这个"扪虱谈天下"的读书人，高谈阔论了一番北伐成败的道理后，反而谢绝了显赫的仕途和厚重的礼物，又回到了隐士的生活，都感到大惑不解。这件事一时间成了大伙热议的话题，为此，低调的王猛反而更加出名了。

355年，即桓温退走的第二年，苻健病死，他的儿子苻生继位，成为前秦的第二位皇帝。苻坚是苻生的堂弟，他的父亲名叫苻雄，是前秦开国皇帝苻健的弟弟。别看苻坚比苻生小三岁，志向却跟苻生大相径庭。苻坚的心思缜密，历来倾慕汉族文化，年少时拜汉人学者为师，喜交各路英豪来培植自己的势力，成为氐族贵胄（zhòu，帝王或贵族的子孙）中的佼佼者。他立下济世安民、统一天下的大志，并期盼有朝一日能够成为前秦的皇帝。

如今当了皇帝的苻生，原来是个残暴不仁的家伙，他即位不久，上至后妃公卿，下至官吏侍人，包括顾命大臣、国舅强平等，先后惨遭杀戮。他对朝政漠不关心，更无心操持，以致农桑荒废，粮食歉收，搞得百姓人心惶惶。眼看这个暴君滥杀无辜，国力日趋衰败，激起了苻健的侄子苻坚对这个堂哥的无比愤怒。

为挽救国家危难，苻坚向尚书吕婆楼请教："怎样才能除掉苻生这个祸害呢？"吕婆楼极力向他推荐王猛。苻坚久闻王猛大名，就立即派吕婆楼专程把王猛请来。两人一见面就相谈甚欢，没一会儿就成了知己，尤其谈到国家大事，时常引起共鸣。

苻坚觉得自己就像当年刘备遇到诸葛亮似的，如鱼得水。王猛在华阴山隐居了许多年，终于遇到了一位可以辅佐的君主，于是就留在了苻坚身边，开始尽心尽力为治理国家出谋划策。苻坚对王猛更是推心置腹，无话不谈。

357年，在王猛的谋划下，苻坚一举诛灭了残暴的苻生及其帮凶，自立为大秦天王，改元永兴。他拜王猛为中书侍郎，执掌国家机密要务。王猛遇到贤明的君主，感到施展才能的机会终于来了。

那一年，王猛才三十三岁。到了三十六岁那年，王猛连续升了五次官。前秦的氐族老臣们见苻坚这么重用汉族人王猛，都不服气。有个最忌惮王猛的氐族大臣叫樊世，见到王猛就没好气地骂道："哼！我们耕田种地，你倒来吃现成饭，什么玩意儿！"

王猛看他这把岁数，又是朝中老臣，就没理会。过了几天，樊世更来了劲，当着苻坚和众臣的面故意找碴儿跟王猛争辩起来，因为自己理屈词穷，实在辩不过，就以势压人地冲过来殴打王猛。

苻坚看在眼里，觉得樊世太不像话，非得打击一下这帮氐族官宦的嚣张气焰，于是一纸诏令，把樊世办了死罪。打这以后，氐族官员再不敢随意打压王猛，口无遮拦地说他坏话了。

375年，王猛得了重病，他知道自己将要离开人世，就趁着苻坚来探望自己时，恳切地说："东晋虽然远在江南，毕竟继承了中原大汉民族的正统文化，为此朝内治理有序，对外相安无事。我死后，陛下万万不可去攻打晋国。倒是要时刻防备鲜卑人和羌人，他们才是真正的敌人，留着他们将后患无穷。为此，一定要找机会把他们除掉。一旦平定了北方疆土，才能保障秦国的江山安然无恙。"

第二十一章 一意孤行

王猛死后，苻坚悲痛不已。他听从了王猛主张平定北方的建议，把盘踞在北方周边的一些小国都灭了。由于他推崇汉文化，实行汉化改革，促进文教发展与民族融合，因此推动了五胡汉化的进程；同时，他打压豪强，减刑免租，广施仁政，使国力日渐强盛，史称"关陇清晏，百姓丰乐"。

他想起当初立志要"混一六合，以济苍生"的誓言，就把南边的东晋当成了心里的一块疙瘩，要是不除掉它，又怎么完成自己一统天下的大业呢？为此，这块疙瘩成了他的心病，让他整天纠结不已。尽管大老远的东晋一直没招没惹他，却越来越成为他心目中的敌人。末了，拥兵百万的他不再犹豫，非要灭了东晋不可，以完成统一天下的使命，自己这辈子才算没白活。而王猛临终前告诫他万不可攻打东晋的话语，早就扔到脑后去了。

公元378年，在王猛死后的第三年，苻坚认为伐晋时机已到，就派他的儿子苻丕和慕容垂、姚苌等将领，率领十七万军队，分兵四路进攻东晋的襄阳。结果遭到了襄阳守将朱序的坚决抵抗。前秦士兵耗费了将近一年的工夫，才把襄阳攻了下来。

攻破襄阳城后，东晋守将朱序被俘，苻坚认为朱序能够为晋国坚守襄阳，是个有气节、用得着的人才，非但没杀掉朱序，反而把他送到长安去做官，为前秦日后开辟疆土、攻守城池发挥作用。他哪里知道，这个朱序打心眼儿里就没归顺，而是将计就计，自觉扮演了一个在敌国卧底的角色，并在后来的淝水之战中发挥了重要作用。

第二年，苻坚派兵十几万从襄阳向东进攻淮南。东晋守将谢石、谢玄早就做好了抗战准备，率领水陆两路人马进行反攻，把前秦军队拦腰切断，然后各个击败。秦军一时乱了阵脚，只好慌忙退出淮南。苻坚虽然被击败，但不死心，花了两年的时间整顿军队，打造军械武器。到了公元382年，他认为已具备了必胜的把握，决定一举消灭东晋。

同年十月，苻坚召集大臣在太极殿里进行商议。他说："我继承王位近三十年，把周边都平定了，现在只剩下东南方这个晋朝，虽多次率军讨伐，却死活不肯降服。我们现在兵强马壮，拥有近百万大军，就不信灭不了它。这回我打算亲自率兵去伐晋，你们有什么看法吗？"

苻坚的话音刚落，秘书监朱肜（róng）马上站了出来，赔着笑脸附和道："陛下亲自出征，那是天意。天意不可违，想必不用打仗，只要陛下挥师南下，必定龙威大振，东晋皇帝也会闻风丧胆，他若不乖乖地投降，恐怕只能跳到江里去喂鱼了。这可是咱们前秦完成统一大业千载难逢的机会啊。"

苻坚听了这一堆恭维话，心里别提多舒服了，忍不住笑了起来，点着头对朱肜说："嗯，你这话说得有点儿意思，合我心意。"

这时，朝廷重臣左仆射（相当于丞相，比右仆射官位高，是魏晋南北朝尚书台及唐宋尚书省的长官）权翼却不同意伐晋，他慷慨激昂地说："东晋虽然国力偏弱，但国君并无大错，何况君臣和睦，文武百官齐心协力，兵强马壮。而且又有谢安、桓冲那样的江南豪杰。此时对东晋用兵绝不是时候。"

话音刚落，太极殿一下子静了起来。权翼的话说到了很多大臣的心坎儿上。人们不约而同地望向苻坚，想看看这个主战皇帝的反应。苻坚对权翼的话并不以为然，很想再听到一些类似朱肜那样顺耳舒心的话，见大家一时都不吭声，就说："各位有什么话，尽管说出来吧。"

太子左卫率（武官名。公元269年晋武帝分中卫率为左右卫率，十六国前秦沿用官职，位从三品）石越情绪激动地说："东晋历来仰仗长江天险，有恃无恐，始终不肯向陛下称臣，实属顽劣南蛮。陛下为一统大业，亲率雄兵百万，挥师南下，可谓威名远扬。可是，东晋皇帝现在还挺得人心，国内又比较安稳，又有长江天险做屏障，现在讨伐东晋，难免有失情理。希望陛下养精蓄锐，继续秣马厉兵，等待时机再伐晋不迟。"

苻坚听了石越的话心里很不爽,反驳说:"当初武王伐纣,众臣都说星座不利于周,但武王同样取得了胜利。再说吴王夫差,虽然有江湖作为屏障,却仍被越王勾践消灭;孙皓倚靠长江天险,还不是做了俘虏?如今我拥兵百万,让士兵把鞭子扔进长江里,就足以把滚滚东流的江水堵住,长江天险又有什么可怕的呢?"

石越毫不示弱,反驳苻坚说:"纣王、夫差和孙皓不可与晋帝同日而语,他们之所以会被消灭,完全是因为自身残暴无道,祸国殃民,以致成为孤家寡人。由于失道寡助,墙倒众人推,很容易就被收拾掉了。现在的晋帝稳坐江南,社稷安定,无懈可击,我方一旦出兵,有违天意人心哪!"

石越一说完,太极殿内顿时活跃起来,大家议论纷纷,一会儿就分成了两派,有赞成权翼和石越他们的,也有反对的。最后,反对出兵的意见占了绝大多数。苻坚感到很失望,不耐烦地说:"行了!都别争了。你们都下去吧,是否出兵,我自有主张。"

大臣们退出太极殿后,苻坚忽然想起自己的弟弟阳平公还没发表意见呢,于是就把苻融留下来单独商议。苻坚说:"自古以来决定大事,只要一两个人就行了。大臣们争论不休,只会扰乱人心,因此我很想听听你的意见。"

苻融虽然在殿上一直没言语,其实心里也不赞成伐晋。毕竟刚才兄长在上,自己不好公开站队,这时再没有什么顾忌,直言不讳地说:"如今伐晋有三大困难:第一,从星座位置来看,天意不顺,不可妄为;第二,东晋没有制造任何挑衅,出师无名,

两晋南北朝故事

一三七

有违民意；第三，我军连年征战，早已厌倦打仗，休养生息才是道理。朝臣们都劝您不要出兵，是以民生社稷为重，更是对陛下一片忠心，希望您能够采纳他们的意见。"

苻坚没料到自己的小兄弟绕了一圈儿，末了也反对他伐晋，气得马上沉下脸来说："没想到连你也会说出这些丧气的话，真叫我失望。我现在有精兵百万，兵器、粮草堆积如山，要打下晋国这样弱小的敌人，哪有不胜的道理？"

苻融见苻坚还是一意孤行，就一再苦苦劝说："现在攻打晋国，不但没有取胜的可能，反而会被京城里许多鲜卑人、羌人、羯人趁机钻了空子，万一群起叛乱，后果不堪设想。陛下难道忘了王猛宰相临终前讲的那番话了吗？"

苻坚不但听不进弟弟的忠言相劝，反而脸色变得越来越难看，脖子一梗，气呼呼地说："没想到你也这样厌，简直叫我无话可说。"眼看弟弟急得已经流下泪来，他又缓和了一下口气说："你想想，我有强兵百万，数不尽的资源，还怕什么征战？担心什么叛乱？我虽算不上天才，但绝不是无能之辈。讨伐一个盘踞已久、行将灭亡的小国家，完成一统江山的大业，岂有不胜的道理？难道还要留着它让子孙后代去讨伐吗？"苻融这会儿才知道，自己无法劝动哥哥了，只好咬了咬牙，默不作声地离开了大殿。

这以后，虽然仍有一些反对出兵的呼声，可是苻坚满耳朵都是朱彤当初在太极殿上的溢美之词。至于众臣有异议，身为至高无上的皇帝，完全采取了一票否决的做法，谁叫在下的都是朝臣呢，必须服从帝王的旨意。公元383年七月，苻坚下令大举伐晋。

第二十二章 东山再起

公元383年八月，苻坚率领八十余万兵马，号称百万大军，从长安南下，一路旌旗招展，尘烟滚滚。上万辆辎辘车压得地面咔咔作响，留下上百条深深的辙印。步兵、弓箭手、骑兵、马车、辎重，长龙似的弯弯曲曲，望不到尾。这浩浩荡荡的阵势，吓得沿途百姓慌忙向两边躲闪，远远地观望着。偶尔小孩发出一声啼哭，大人马上捂住孩子的嘴，生怕招来灾祸。

前秦大军伐晋的消息很快传到了建康。晋孝武帝和满朝文武官员都慌了神儿，忙着商议对策。东晋的百姓更是怒不可遏，好不容易过了几年安稳日子，谁也不愿意让江南的大好河山沦陷在前秦的铁蹄下。于是，大家纷纷起来打造兵器，自愿投入到抗击前秦的队伍中。

这时，苻坚眼里的那个弱小的东晋，早已在一代名相谢安等人的治理下，逐步繁荣富强起来。如今大敌当前，面对朝臣们的种种担忧，谢安倒是显得安然自若，跟慌乱的群臣形成了鲜明的对比。

谢安，字安石，出身名门大族，陈郡阳夏（今河南省太康县）人。谢安自幼聪明好学，喜欢吟诗作文，可是对做官却毫无兴趣。他和著名的书法家王羲之趣味相投，成为好朋友。他每天除了跟名士们谈文论诗、研究辞赋、探索玄理之外，还经常一道游赏山水，借以抒发文采，陶冶情操。王羲之的著名代表作《兰亭序》，就是在353年农历三月三日与友人们相聚兰亭时所作，当时谢安也乐在其中，吟诗作赋，一吐为快。

东晋还有位大臣叫庾冰，是位高雅素洁的文官。庾冰在任扬州刺史时久仰谢安的名声，因赏识他的才华，就三番五次地命当地郡县官吏，催请谢安走马上任。谢安推辞不下，于是勉强赴任。没想到仅仅一个多月，他实在看不惯官场里人前人后的伎俩，就毅然辞职回到了会稽（kuài jī，古地名，在今浙江省绍兴市一带）。

此事传到了宫里，朝廷当时正需要人才，吏部尚书范汪就多次征召谢安，推举他任吏部郎，不料竟收到谢安的一封回绝信。这下惹怒了一批官吏，接连报奏朝廷，指责谢安无视朝廷谕旨、狂悖无道、不肯替国家出力，建议终身不再录用，以作为对他的惩罚。于是皇帝做出了对他禁锢仕途的决定。而谢安对此却不屑一顾，泰然处之，继续纵情山水。

尽管朝廷做出不再录用的决定，可谢安的能耐摆在那儿，天下尽人皆知，无不交口称赞。当时的士大夫中流传着一句话："谢安不出来做官，百姓如何是好呢？"可见他的品德出众，才识过人。

谢安的妻子刘氏是名士刘惔（tán）的妹妹，眼看谢氏家族中的谢尚、谢奕、谢万等人一个个功成名就，只有谢安始终隐退不出，丧失了功名利禄不说，家境也越发显得贫寒，就忍不住对谢安说："夫君一身才气，绝非凡夫俗子，现在国家正需要栋梁之材，难道夫君不应当像谢氏名门的父辈和兄弟们那样，为国效力吗？"

谢安默默地听着夫人的话语，想到她多年来陪伴自己清贫度日，一直守护在身旁，从没有过一句怨言，不禁深为感动。于是他闷哼了一声，说："夫人放心，有朝一日，我一定会复出的。"

过了没多久，一次偶然的机会，谢安应大将军桓温的邀请，做了桓温的司马。谢安长期隐居在东山，这次好容易重新出来做官，大家伙儿都乐呵地称他为"东山再起"。

由于桓温独揽朝政，权倾朝野，当时的东晋王朝处于风雨飘摇之中。尤其在简文帝去世之后，桓温对皇位虎视眈眈，使谢安等朝臣深感不安。为巩固晋朝的江山社稷，乘桓温不在京都的时候，谢安他们马上拥立皇太子司马曜（yào）为帝，就是晋孝武帝，并一致恭请桓温辅政。

桓温得知朝臣们这么快就拥立皇太子即位，自己的皇帝梦算是告吹了，他认为是谢安等大臣在里面搞的鬼，于是恼羞成怒，于373年二月亲率大军，杀气腾腾地返回京都。他先将军队驻扎在城外，想看看动静再说。晋帝司马曜一看桓温大军压境，就知来者不善，只好让侍中王坦之和吏部尚书谢安前往城外迎接。

临行前，王坦之、谢安已获得探子密报，说桓温事前在营帐内埋伏了一批武士，难免凶多吉少。此时面对城外的大军，王坦之害怕起来，一路不停地问谢安："如今大军兵临城下，看来桓温心怀不轨，这可如何是好？"

谢安神态自若地说："大晋朝的命运，如今就看咱们二人了。"王坦之忧心忡忡，硬着头皮跟着谢安一起出城来到了桓温营帐，看到帐外俨然站立着两排神情冷峻的武士。王坦之紧张得汗流浃背，衣衫都湿透了。

谢安一进大帐，就从容不迫地坐了下来，然后跟没事儿人似的对桓温说："将军一路辛苦了！自古以来，我只晓得重道义的将军往往把兵马驻扎在边境，以防备外敌入侵，如今大司马亲率大军前来，想必是以此雄振国威吧？呵呵，可见将军用心良苦啊！不过既然相邀同僚议事，又为何在帐后安排了刀斧手呢？"

谢安的一番话讲得坦坦荡荡，说得桓温一下子愧疚起来。他赶紧命人撤走武士，尴尬地笑着说："我这样做也是为了以防万一，实在迫不得已啊！还望二位海涵。"

王坦之一听，这才放心坐下来，心里不由得暗暗佩服谢安临危不惧、胸怀大义的气节，直后悔自己刚才的那副尿样，哪里有一点儿大丈夫的风范，别说让人家小瞧了，连自己这道坎儿都过不去。为了挽回面子，他也开始跟着大谈朝政、安邦治国什么的。三个人就这么一直聊到很晚才散。这么一来，东晋王朝面临的政变危机总算幸免了。

两晋南北朝故事

一四三

桓温没能圆成皇帝梦，回城不久就抑郁而终。谢安他们继续辅佐少帝，振兴国业，朝廷内部总算安定了。可是前秦一直揣着亡晋的意图，成为东晋王朝的最大忧患。

当前秦大军压境，东晋朝廷处在一片惊恐中时，谢安依然镇定自若。他以征讨大都督的要职统管军事，经过一番缜密的运筹帷幄，委派了谢石、谢玄、谢琰和桓伊等人率兵八万前去抵御。

桓温的弟弟、扬州刺史桓冲担心建康的安危，从荆州拨出三千精兵前来协助保卫京师。谢安谢绝了这些前来援助的将士，深情地对他们说："各位保重，都回去吧，加强西面的防守更为重要，这里我都已安排好了。"

谢安的侄子谢玄，十分清楚敌我兵力悬殊，东晋用来抵抗前秦百万大军的只有区区八万人马，让他始终忐忑不安。临行前他便向叔叔谢安讨教，这个仗到底该怎么个打法。没想到谢安只简单地回答说："放心去吧，既然决定全力抗敌，我自有安排，你该怎么打就怎么打。"谢玄心中还是没底，回营后又让将军张玄去打听。

张玄见了谢安，刚要开口问，谢安却拉着这位棋坛高手下围棋，并且还召集了一些名士在一旁品茶吟诗，好像根本没有打仗这回事，搞得张玄没机会开口，只好心里先揣着战事，硬着头皮下棋。他深知谢安的棋艺远在自己之下，但此时前秦的兵马已经打到了东晋的边境，哪还有心思下棋？结果没下几个回合，这位往日的高手就输给了谢安。

这时，忽然传来了晋军击败前秦军队的捷报。谢安一边与客人下棋,一边看战事报告,然后不动声色地向张玄说:"该您走棋了。"张玄一愣,心里实在憋不住,就问他前方战况如何。谢安淡淡地说:"没什么要紧的,只是儿郎们已经把敌人打败了。"

在场的客人们一听,兴奋得纷纷告辞,都想尽快把这个好消息告诉家人。待客人都走了,谢安轻轻关上门,独自转身回到屋里,突然兴奋地连蹦带跳,结果木屐的屐齿一下子折断了好几根,他自己却一点儿感觉都没有。

第二十三章 淝水之战

前秦皇帝苻坚,为了进一步扩大地盘,不顾众臣劝阻,一心要去讨伐南边的东晋。可派谁去呢?他想起"打虎亲兄弟,上阵父子兵"这句话,于是命自己的弟弟苻融为征南大将军,担任作战前锋,心里头这才算踏实。

公元383年八月,苻融率领二十五万兵马南下,苻坚亲率几十万步兵和骑兵作为主力,又派了一支水军从蜀地沿江东下,来配合陆地进攻。他号称百万大军,分成几路人马,浩浩荡荡地向南进军了。

消息传到东晋,不少朝臣面对强敌都着了慌,不知如何是好。只见卫将军谢安最沉得住气,他当即命人把淮河北岸的老百姓尽快迁到了淮河南边，免得被前秦军抢了粮食又抓壮丁。紧接着，他委任自己的弟弟谢石为大都督，统领全线指挥作战；另派遣自己的侄子谢玄为前锋，率领着八万经过七年训练、具有较强战斗力的"北府兵"沿淮河西上，马不停蹄地连夜赶往淮河去迎击秦军主力。

刚一交战，前秦军队仗着人多，明显占了上风。秦军一渡过淮河，就占领了寿阳（今安徽省淮南市寿县）。紧接着征南大将军苻融向硖石（今安徽省淮南市西部；硖 xiá）进攻。他从抓到的俘虏口中得知，防守在硖石、由晋朝龙骧将军胡彬指挥的部队，所剩的军粮已经不多，于是急忙派人到项城（今河南、安徽两省交界处）对苻坚说："好消息！晋军人数并不算多，粮食也快断了，眼瞧着就能拿下，兄长还不赶紧过来！"

苻坚一听，高兴坏了，心想这仗本来就不难打，恨不得马上灭了东晋。于是他把大军留在项城，只带了八千名骑兵，昼夜兼程地赶到了寿阳。兄弟俩一合计，都认为晋军兵少势弱，已经不堪一击，何必再动干戈，于是就派熟悉晋军的降将朱序走一趟，作为前秦使者到晋军大营去劝降。

朱序虽然被迫做了前秦军的俘虏，被苻坚收用后当了个尚书，可心里一直感到很屈辱，这会儿正为晋军面临强敌而担忧。他马上趁着劝降的机会赶到晋营，一见谢石、谢玄他们，就像见了亲人一样，心里又是辛酸又是高兴，不禁激动得流下泪来。

"身在曹营心在汉"的朱序，立刻向晋营提供了秦军的详细情报。他说："这次苻坚号称百万大军来攻打咱们，一旦集中进攻，仅有八万人马的晋国怎么抵挡得住呢？现在趁他们兵马没到齐，脚跟还没站稳，你们尽快发起突袭，打他个措手不及，杀杀他们的士气，保准儿能打赢！"

谢石、谢玄听了直叫好，一致赞同朱序的建议，随即派大将刘牢之率领五千北府精兵，去袭击洛涧（又称洛水、洛河，今安徽省淮南市和长丰县东淮河支流洛河）的敌军。刘牢之和他手下的将士，大部分是从北方逃离出来的农民子弟，恨不得立刻打回老家去，这会儿一接到命令，都齐刷刷地集合好队伍，乘着天黑，悄悄渡过了洛涧，一路小跑朝着秦军的营房行进。这时，前秦官兵们还都在睡梦里呢！

当晋军摸到了一座座秦军营帐前，只听一声令下，晋军猛地挥刀杀了进去。帐内熟睡的秦兵们突然被喊杀声惊醒，一见冲进来这么多晋军，顷刻都慌作一团，还没来得及爬出被窝儿，就稀里糊涂地死伤了一万多人，剩下的残兵败将急忙往寿阳方向撤退。

洛涧首战告捷，大大鼓舞了晋军士气。谢石、谢玄一面命大将刘牢之继续援救硖石，一面指挥大军乘胜前行。他们一路急行军到达了淝水（今淝河，在安徽省寿县东南方）东岸，把人马驻扎在地势险要的八公山（今安徽省寿县东北）下，整装待命，与驻扎在寿阳的前秦军隔岸对峙。

苻坚听说前锋部队吃了个大败仗，不禁暗暗吃惊，没想到派朱序去劝降不成，又听朱序说谢石不但不投降，还扬言非要打败前秦军不可。苻坚越想越纳闷儿，自己这么多兵马，怎么会被对方打得稀里哗啦呢？

他不敢大意，马上同苻融一起登上城楼，朝河对岸的晋军望去，定睛一看，不由得心里咯噔一下，倒抽了一口凉气。只见晋军大营前旌旗招展，队伍阵列井然有序，错落有致地连成一片。他们身后就是连绵起伏的八公山，山上长满了茂密的野草和树木，秋风一吹，摇摇晃晃的，与山前密密麻麻的晋兵交相呼应。苻坚看到这，不由得打了个寒战，愣是把这些草木都当成晋军的将士了（成语：草木皆兵），不禁皱着眉头怪罪起苻融来："哎呀！你是怎么搞的？眼前晋军多如草木，你却报告人数不多！"

打那以后，苻坚命令前秦兵严密防守，等待各路大军。晋军一时没能渡过淝水，谢石和谢玄心里着急，如果战事拖延下去，只怕各路前秦军纷纷赶来，到那时晋军可就极为被动了。

心急如焚的谢玄，马上派人给苻坚送去一封信，说："你们带领大军深入晋国阵地，一定想速战速决吧？可几天下来，只见你们在水边摆下阵势，却按兵不动，难道想打持久战吗？你们路途遥远，万一粮草跟不上，那就得挨饿了呀！我看你们不如撤出一箭之地，腾出一块交战的地方来，让我军渡过淝水，也好成全你灭晋的野心。上有苍天为证，双方在此决一胜负，这不是很公平吗？"

前秦军的将领们听了都纷纷表示反对，向苻坚说："咱们人比他们多，如果坚守阵地，晋军根本打不过来，到时候再伺机进攻，定可取胜。"

苻坚想了想，说："怕什么？咱们佯装退后一点儿，等他们快上岸时，再冲过去打他们，叫晋军都死在水里，这不是天赐良机吗？"众将拗不过他，谁都没说话。

这时，前秦军的士兵各有各的心思：有的士兵是临时抓来的，根本就厌恶打仗；有的士兵是汉人，绝不愿意跟晋军对抗；还有些士兵是鲜卑人，心想凭什么替你们氐族人卖命。这些士兵都想保住性命，这会儿憋足了劲，只要一有机会就立刻散伙。

结果后退一箭远的命令一下，全军立刻乱了套，士兵们呼啦一下子，拔腿就往回跑。朱序趁机骑上马，一头扎进退兵大潮里，边跑边喊着："晋军追来啦！快撤呀！"士兵们一听，撒丫子跑得更快了。

苻融气急败坏地在马上转着圈挥着剑，想挡住这群退兵，但前秦兵像潮水般地倾泻过来，他一人根本挡不住。这时，只见一拨退兵慌不择路，乱哄哄地冲了过来，一下子把苻融的战马给撞倒了，瞬间苻融也被撞得飞了出去。他气得要命，挣扎着正想起来，一群东晋骑兵已越过河水，飞速地赶了上来。他们一看苻融是个当头儿的，立刻手起刀落，就这么把他砍了。苻融就这样死在了乱军中，时年四十四岁。

当初苻融一直反对伐晋，并以王猛的临终告诫一再对哥哥苦苦相劝，结果帝命难抗，只好违心出征，不料刚开战就做了逃兵们的牺牲品，还没哼一声，就死在了淮南的荒野里，令后人唏嘘不已。可见苻坚执意伐晋，头一个害死的就是自己的弟弟。正是：

一意孤行触天神，兄命难违落尸坟。八公山下冤魂泣，百里荒冢葬忠臣。

主将一死，前秦兵就像脱了缰的野马，没命似的到处乱奔。他们一路上听见刮风的声音、飞鹤的鸣叫，都以为是东晋追兵的

两晋南北朝故事

喊杀声，尽管跑得上气不接下气，也不敢停下来，全都各自逃命去了（此成语一般连用为：风声鹤唳，草木皆兵）。

至此，以少胜多的著名战例"淝水之战"，以东晋大获全胜而告终。曾经百万大军的前秦兵，经过伐晋这一场大战，主力被晋军掐头去尾地分成了几截，随后逐一消灭，落得元气大伤。苻坚已顾不上失去弟弟的伤痛，急忙带领十几万残兵败将，沿小路朝洛阳逃去。他的结局又会怎样呢？

正如王猛临终的预言那样，鲜卑族的慕容垂和羌族的姚苌（cháng）这两个部族的首领，没有一天不惦记自立为王的。得知苻坚伐晋惨败，百万大军打了水漂，他们心里全都乐开了花，于是，趁机背叛了前秦，各自建立起新的国家——后燕和后秦。

第二十四章 法显西游

苻坚做梦也想不到，淝水一战会败得那么惨。他仗着自己人多，有恃无恐，压根儿就不知道这支队伍的军心早已涣散。加上长途跋涉，千里迢迢去征战，将士们打心里厌倦透了，谁都巴不得早点回家乡。为此一听到军令，大伙明知是假撤退，也都当成真撤退，玩儿了命地往回跑。这支看似威震四海的百万大军，一旦掉头跑起来，瞬间就像潮水般倾泻在八公山的荒野里，只见兵马相撞、车马踩人，不大工夫，被骁勇的晋兵追杀得人仰马翻、尸骨成堆。

刚刚统一起来的前秦，由于轻率地举兵南下，结果毁于一旦，同时造成了前秦内部的分化瓦解，分裂成很多个小国。其中叛变的就有苻坚原来的部将，羌族人姚苌。他是魏武王姚襄的弟弟，姚襄在与前秦交战时被俘而死，姚苌才被迫投降了前秦。

现在姚苌一看时机成熟，就联合前燕景昭帝慕容儁（jùn）的儿子、降将慕容冲，一起反抗苻坚。385年五月，一代枭雄、中国北部的霸主苻坚，被一路杀红了眼的慕容冲死命追赶，只好逃出长安。姚苌派遣兵士进行追击，最终擒获了苻坚。姚苌逼着苻坚交出玉玺。苻坚不但拒绝禅位给姚苌，而且骂不绝口，宁死不从。到了八月，苻坚被缢杀于新平佛寺，死时四十八岁。

386年四月，姚苌建都长安，正式称帝，改元建初，成为东晋十六国时期后秦的开国皇帝。在位期间，姚苌提倡勤俭治国，优待儒生，广建学校，大兴儒学。后来击败了西燕皇帝慕容永、东晋名将杨佺期。建初八年（393年）十二月，姚苌去世，终年六十四岁。

姚苌死后，他儿子姚兴即位。姚兴推崇佛教、儒学，对建寺院、学佛经这些事特别热心。在位二十多年里，他对国家采取了一系列减轻赋税的措施，使后秦逐渐发展壮大起来，成为北方的强国。

由于佛教的兴起，那时候长安的僧侣就有五千多人，寺庙更是随处可见。随着寺院的增多，信佛的人也越来越多。当时有一对信佛的夫妻，共生了四个孩子，前三个都在幼年夭折了，为了保住第四个孩子，在他刚满三岁的时候，就带他去了寺庙，将他度为沙弥（刚出家的年轻和尚）。这个小沙弥，后来成为第一位到海外取经求法的僧人，也是中国佛教史上的一位名僧，他就是法显。

法显小时候得了一次重病，眼看快不行了，家人赶忙送他到寺院。说来也奇怪，他在寺院里待了没多久，病就好了，从此他就不肯回家了。当他十岁时，父亲去世。他的叔父看他们孤儿寡母的难以生活，就劝他还俗。那时，法显对佛教的信仰已经非常虔诚。他对叔父说："我出家只因与佛有缘，就想远离尘俗，一心皈依佛门。"叔父一听，也就没再劝他。不久，法显的母亲病逝。他将丧事处理完后，又回到了寺院。

法显从三岁起剃度，直到六十五岁的时候，已经在佛门度过了六十二个春秋。他学习了半个多世纪的佛法，可是佛经上的一些语言，还是看不大懂，因为这些传到中国来的都是梵文的经文，偶尔遇到口译成汉文的经文也不知所云，艰涩难懂，所以，法显很难再深入学习下去。这使他认识到佛经翻译的重要性，不解决翻译问题，佛教在中国的发展就会停滞不前。

他把内心的困惑和想法跟同伴慧景讲述了一番。慧景说："你说的也正是我心里所想的，要不咱们到天竺（古印度）去一趟吧，到了那里，既能读到真经，又能请教佛法、瞻仰圣地，该多好啊！"

法显高兴地说："我早就有这个想法，要不咱俩就结伴儿走吧！到了天竺，我们得先把梵文学好，然后就可以把原文翻译成汉文，将经文推广到国内，还可以把前人翻译错了的地方改过来。"

法显他们要去天竺的事很快就传开了。有些好心人就劝说法显："天竺路途遥远，一路上山峦起伏、沙漠广布、荒无人烟、水源稀少，到时候没吃没喝的，可危险呢！再说您都到了颐养天年的岁数，可别去冒这个险了。"

法显笑笑说:"我的年纪是大了些,要是能在死以前追根求源,瞻仰圣地,就满足了我最大的心愿。路再难、山再高,我也不怕。"

399年,法显、慧景和另外三个僧人从长安出发,向西行进,开始了漫长而艰辛的旅行。第二年夏天,到了北凉国,他们与另一批志同道合的西行僧人相遇,于是结伴而行,开始穿越荒无人烟的流沙大漠。沙漠里既没有飞鸟也没有走兽,时常风卷黄沙,暗无天日,以致无法辨别方向。只有等太阳出来时,才能判断西进的方向,并随时凭借着路边的枯骨来作为路标。

一个多月后,他们历尽了千辛万苦,终于穿过了这片漫无边际的大沙漠,进入了葱岭。葱岭的山上覆盖着长年不化的积雪,悬崖峭壁高耸入云。过去曾有人凿石修路,几年下来,修凿了七百多节石阶梯道,给他们带来了不少便利。他们一路翻山越岭,遇到大河,就双手抓住悬挂在河两岸的绳索,两条腿紧紧勾在绳索上面,仰着身子攀爬过去,像这样的险途一路上数不胜数。

在翻越雪山时,他们遇上了寒流风暴。慧景冻得浑身僵硬,打着寒战对法显说:"我快不行了,你们继续前行吧,不要为了我都死在这里。"说完他就闭上了眼睛。

法显悲痛地抚摸着慧景的遗体,哭泣着说:"咱们还没到达目的地,你怎么就先去了呢!"法显他们安葬了慧景的遗体,继续向西行进。在经过了无数荒凉的野地,走过了大大小小三十多个国家后,终于到达了天竺。这时,法显疲惫的脸上才露出了笑容。

接下来,法显一行人访问了天竺的寺庙,结交了许多朋友,认真地向他们学习梵文,抄写经卷。后来,法显又沿着恒河南下,

两晋南北朝故事

渡海到了狮子国（斯里兰卡的古代名称）。一转眼就过去了十二年，法显七十七岁了。同来的和尚，有的沿途病死了，有的就打算留在天竺国不走了。是留是走，年逾古稀的法显心里很犹豫，一时拿不定主意。

有一天，他在寺庙的佛像前看见一把白绢做的扇子，不知是哪位信徒拿来供佛的。法显拿起来仔细一看，眼泪就忍不住流了下来。原来这把做工精致的白绢扇是中国制造的。在遥远的异国他乡看到自己国家的东西，法显感到无比亲切，心想：我虽然这么老了，一定还得回国，要把在这儿学到的东西传播回去！

412年秋，法显搭上一条从罗马返回中国的大商船。一路上随风漂流，直到船上水尽粮竭，总算漂到了岸边。下船一打听，才知商船漂到了青州长广郡牢山（今山东省青岛市崂山）南岸。法显终于带着他取来的佛经和佛像，回到了中国。

法显在当地住了几日，就急着想回京城。青州刺史一再挽留他过冬。他说："贫僧冒险到天竺，只为求取真经，弘扬佛法，现在志愿未达，不能久留。"随后他启程前往建康。

当七十九岁的法显来到建康后，把带回来的梵文佛经，一章章、一节节地翻译成汉文，还把自己十四年来求经寻法的经历写成了一本书，取名叫《佛国记》。

第二十五章 北魏立国

经历了淝水之战的前秦元气大伤,在风雨飘摇中走向了衰败。原前秦大将慕容垂和姚苌自立为王,建立了后燕和后秦,加速了前秦进一步瓦解。以前被苻坚强行征服的各族,现在一看时机成熟,纷纷建立起自己的王国。其中鲜卑族拓跋部也趁机恢复了独立。

鲜卑人首领拓跋珪,是原先被前秦苻坚所灭的代国国王拓跋什翼犍的孙子。当年代国亡国的时候,拓跋珪只有六岁。苻坚征服了代国以后,就将代国的土地和人口交给了两个匈奴部落的首领刘库仁和刘卫辰来管理。拓跋珪的母亲贺氏带着儿子投靠了刘库仁。

刘库仁是拓跋什翼犍的外甥,也是代国的南

部大人（为少数民族部落首领的称号）。他比较念旧情，对拓跋珪母子很关照。384年，刘库仁被篡位的部下鲜卑人慕容文杀害，随后慕容文投奔了后燕开国君主慕容垂。同时，刘库仁原有的地盘和军队由他的儿子刘显一手掌管。刘显担心拓跋珪拥有代国国王孙子的身份，没准儿将来会东山再起，就想杀掉他以除后患。

危难时刻，有个好心人把这个消息悄悄告诉了拓跋珪母子，于是他们连夜逃往贺兰部，投靠了舅父贺讷。在贺兰部落脚的时候，拓跋珪就暗下决心，将来一定要出人头地，再也不能受人欺负。此后，他开始积聚力量，广招忠诚于他爷爷拓跋什翼犍的族人。不久，他的实力逐渐强大起来。

拓跋珪为了取得部族首领的地位，首先击败了刘卫辰的部落，取得了鲜卑族拓跋部的领导权，然后再去征服高车族（北方游牧民族之一）。几经征战，他获得了大量的牛羊马匹，拥有了一支能征善战的队伍。这时，拓跋珪觉得时机渐渐成熟，就开始考虑复国。

386年，拓跋珪集合拓跋部族人，在牛川（古地区名，在今内蒙古自治区兴和县西北东洋河南）召开部落大会，号召族人重建代国。同年四月，改国号为魏，自称魏王。这就是历史上的北魏。

在他即将召开部落大会的时候，刘显由于计划落空，没能如期将他们母子杀掉，这回乘机派兵护送拓跋什翼犍的小儿子拓跋窟咄归来，想从中搅和一下，让他跟拓跋珪争夺王位。拓跋部族一直就有"立少子"的习俗，现在拓跋窟咄一回来，对拓跋珪构成了很大威胁。原先支持拓跋珪的一些部落，也都变得含糊其词，有说风凉话的，有看热闹的，甚至有人觉得拓跋珪势力越来越大，不如趁机把他抓起来去讨好拓跋窟咄。

情况万分危急，拓跋珪见势不妙，就立刻派人向后燕的慕容垂求救，给出对方的条件是，复国后成为后燕的附庸国。慕容垂一听日后有利可图，就派慕容麟领兵救援拓跋珪。拓跋窟咄初来乍到，脚跟还没站稳，面对前来救援的大军，唯恐躲闪不及，这使拓跋珪很快占了上风。

拓跋珪复国以后，想到拓跋窟咄归来，使自己差点儿被周边的部落给算计了，气就不打一处来。于是他集中力量，通过对周边部落连续征战扫荡，狠狠教训了他们一回，最终使这些部落一个个败下阵来，最终纷纷对北魏表示臣服。

通过征战，北魏获得了大量的物资和人力，国力进一步强大起来，于是引起了后燕的警惕。不久，后燕在讨伐西燕时，西燕国主慕容永的都城被围。他一面向远方的晋朝求援，一面向后燕的附庸国北魏寻求救助。拓跋珪明白唇亡齿寒的道理，犹豫了一阵，最终还是派兵去救援西燕。没想到在北魏军队赶到之前，慕容永的西燕已经被后燕的慕容垂给灭了。拓跋珪闻讯，赶紧下令北魏军队返回，但是北魏救援西燕的消息不胫而走，早就传到了慕容垂那里。

为了缓和跟后燕的紧张局势，拓跋珪不得不派人给后燕进贡。结果后燕人贪得很，嫌进贡的数量少，于是狮子大开口，向来人强调："北魏盛产良马，应该多多进献马匹。"话一说完，就把使者扣了下来作为人质。拓跋珪气得直跺脚，心想，附庸国难道非得这样俯首帖耳吗？于是他严词拒绝了后燕的要求。这一来，那个使者惨了，立刻被对方下了狱。两国关系变得紧张起来，以致经常在边境发生冲突和伤亡事件。

395年，后燕君主慕容垂担心国力日益增强的北魏早晚会威胁到自己，为此打算要惩治一下这个不听话的附庸国，就派太子慕容宝、辽西王慕容农、赵王慕容麟等率军八万，进攻北魏。北魏长史张衮听说后燕的大军已经进发，就向拓跋珪献计说："后燕被以前的胜利冲昏了头脑，这次倾巢出动，全力来攻打我们，大有要灭魏的势头。我们要避其锋芒，假装疲惫衰弱，让他们产生骄傲情绪和轻敌的心态才是。俗话说，骄兵必败，届时再找机会打败他们。"

拓跋珪听从了他的计策，将部落里的主要族群、牲畜和物资，迁移渡过了黄河，向西行走了一千多里去躲避。后燕军队到达五原（今内蒙古自治区五原县）后，收降了北魏其他部落的百姓三万多家，收割杂粮一百多万斛（hú，容量单位，十斗为一斛），只是没见着拓跋珪的主力。慕容宝一心要灭北魏，下令把大军开到黄河岸边，准备造船渡河，同魏军主力交战。

395年五月，慕容宝从后燕国都中山（今河北省定州市）出发的时候，就已得知他父亲慕容垂身患重病。等他们到了五原，拓跋珪就悄悄派人埋伏在他们的身后，等后燕的使者一经过，就把他逮了个正着。慕容宝一连几个月都没有父亲慕容垂的消息，心里正着急呢。魏军就让信使向慕容宝传递慕容垂已经去世的假消息，以乱军心。后燕信使隔着黄河，用卷成大喇叭形状的纸筒向慕容宝喊道："将军大人，你父亲已经病死了，为什么还不回去奔丧？"慕容宝听了半信半疑，虽不知真假，却让他很闹心。

到了十月，慕容宝还是没有收到任何消息，心里直犯嘀咕，担心起父王的安危来，想早点回去看看。他们来的时候还是初夏，士兵们穿的都是单衣，现在快入冬了，北方说冷就冷，不少士兵被冻得患了感冒。于是，后燕军队焚烧了已打造好的战船，趁着夜色，不声不响地退回去了。

这时黄河上还没有结冰，慕容宝以为北魏的军队在河西躲得远远的，不可能渡过滔滔黄河来追击，尤其在夜里悄无声息地撤退，就更没有后顾之忧了。他们刚刚撤走没几天，冷空气急剧南下，北方出现了霜冻天气，黄河结上了厚厚的冰。拓跋珪一见，真是天赐良机，立刻命队伍轻装上阵，率领两万精锐骑兵，踏着冰层顺利地渡过了黄河，接着快马加鞭地追赶着后燕军队。

当后燕军来到参合陂（今内蒙古自治区凉城县东北）时，已经筋疲力尽，随即在一处山脚的河边安营扎寨。北魏军马不停蹄，昼夜兼程，追到参合陂的时候，终于望见了敌军的队尾。北魏军连夜悄悄地登山，于次日凌晨登上了山头。拓跋珪让军队停下来稍事休息，吃饭喂马。待将士们体力得到恢复后，开始设下包围圈，逐渐靠近后燕军大营。

天渐亮时，后燕军的士兵睡眼惺忪地伸着懒腰，准备拔营向东返回都城，突然看见漫山遍野的北魏军，顿时大惊失色，立刻乱了阵脚。只见拓跋珪一挥手，两万骑兵以排山倒海之势冲杀过来。后燕军被突如其来的袭击打得蒙头转向，人仰马翻，争相渡河逃跑，

故事里的中国历史

不少人在慌乱中掉入浑浊的黄河中淹死了。

再看岸上，喊杀声与马匹的嘶鸣声响成一片。在混战中，被踩死、撞死、淹死的后燕士兵不计其数，除了数万士兵缴械投降，只有上千人侥幸逃脱。慕容宝等人得知自己的部队被北魏追兵重创，只好认栽，凭着几匹快马，各自才捡了条性命。

第二年，慕容垂不甘心，带病率军讨伐北魏，当军队路过参合陂时，见到尸骨堆积如山，心中万分哀戚，一时难以行进。于是，他下令为死难将士设立供桌，进行祭奠。在场的将士们都忍不住放声痛哭，凄厉的哭声震动了山谷，久久回荡在原野里。慕容垂悔恨不已，又气又恼，当场吐了一大口血，结果加重了病情，没几天就死了。拓跋珪乘机南下反攻，夺取了中山、邺城等重要城镇，占据了黄河以北的大片地区，成为北方强大的势力之一。

398年，北魏迁都平城（今山西省大同市东北），拓跋珪称帝，即北魏道武帝。

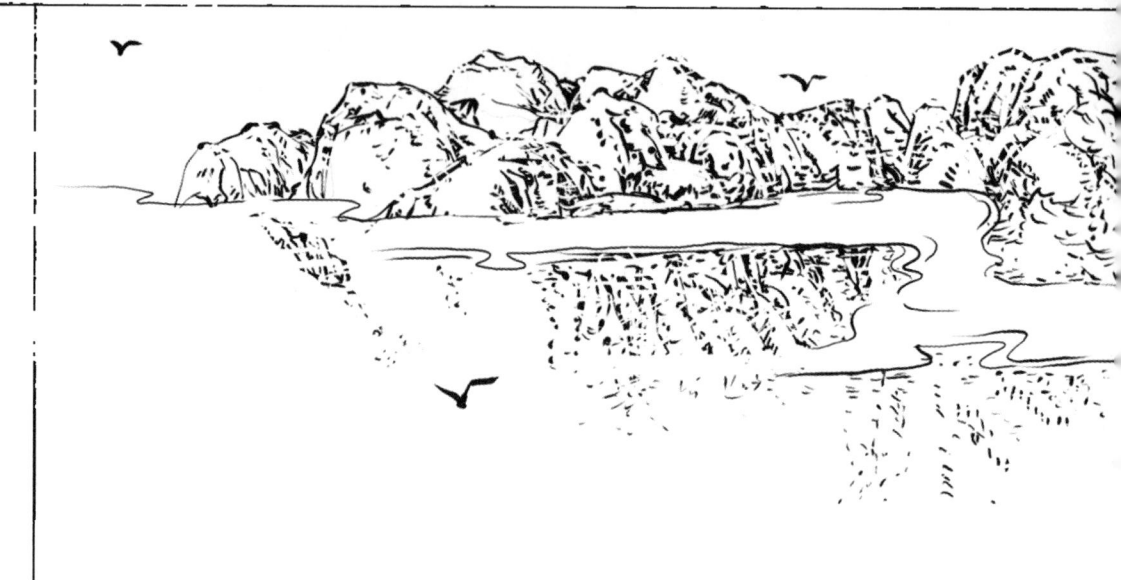

第二十六章 统一北方

北魏拓跋珪称帝以后，开始休养生息，发展生产。经过两代人的悉心治理，北魏一步步强大起来。公元424年，当北魏传到第三位皇帝、太武帝拓跋焘手里时，已经成为北方最强大的国家了。除了大夏、北凉、北燕和柔然外，周边都已成为北魏的地盘。

这时候，江南东晋已于三年前（420年）的七月，改为南朝刘宋，这个政权是宋王刘裕代晋称帝后建立起来的王朝。太武帝拓跋焘即位后，趁着国力强盛，兵精粮足，开始加紧对北方其他国家和民族的征伐，以期早日统一北方，然后再全力去对抗南朝刘宋。

拓跋焘即位时只有十六岁，每日坚持读文习

武,但朝臣们没太把这个少帝放在眼里。拓跋焘心里明白,并不与他们计较,而是采取收拢人心的做法来稳固他的统治。这时候,北方的柔然人得知北魏明元帝去世,即位的不过是个乳臭未干的少帝,就开始大举南侵。

柔然人首领可汗纥(hé)升盖亲率六万骑兵,直捣云中(今内蒙古自治区托克托县东北),攻陷了盛乐宫(拓跋鲜卑时代的故都)。太武帝拓跋焘得知祖上的国都被践踏,怒火中烧,亲自率领轻骑兵,马不停蹄地前往救援。三天两夜后,终于赶到了盛乐宫。

纥升盖一见北魏皇帝只带了些轻骑兵,很不以为意。他仗着自己兵多马壮,把年纪轻轻的太武帝团团围住,以致双方的马头都碰撞到一起了。在这危急时刻,太武帝神态自若,勒住马缰,在原地转了一圈,一眼瞥见不远处敌军的一员大将,正挥起马刀,向部下吆喝着要进攻的样子。太武帝屏住呼吸,双手急速地张弓搭箭,当弓开如满月时,只听嗖的一声,此时柔然大将于陟(zhì)斤刚喊出一个"进"字,随即噗的一声,一支箭射入他的心口。他急忙用手捂住箭,在马上晃了几下,一头栽了下来。

柔然士兵赶忙上前搭救,只见于陟斤的喉咙抖动了一下,从嘴里涌出一大口鲜血,立刻就没了气息。柔然兵全都慌了神,不知如何是好。北魏军见太武帝如此沉着勇猛,士气大增,刚才被围困的恐惧情绪顿时烟消云散,立刻喊声震天地冲向柔然大军。纥升盖见势不妙,掉转马头飞似的逃走了。

通过以少胜多这一战,北魏军威大振,不仅打击了柔然实力,

故事里的中国历史

还树立了太武帝不畏强敌的神勇形象。朝臣们开始对这位少帝交口称赞。大家齐心协力，为统一北方操练兵马，积蓄力量。

425年9月，胡夏国国主赫连勃勃暴死，这对北魏是个好消息。这个赫连勃勃是什么人呢？就是刘卫辰的儿子。刘卫辰曾经帮助前秦大帝苻坚灭掉了拓跋什翼犍的代国。当年拓跋珪发誓要报这个仇，于是带领鲜卑拓跋部族，在独立复国的战斗中，将这个灭族的仇人刘卫辰斩首。

刘卫辰的儿子赫连勃勃逃离后依附了后秦姚兴。后秦被宋武帝刘裕攻灭后，赫连勃勃乘刘裕回朝时，举兵大败留守关中（今陕西省中部）的东晋军，然后建立了胡夏国，自称大夏天王。

此时，赫连勃勃的死讯传到北魏，太武帝马上召集群臣商议，问大家是否可以乘此机会灭掉夏国。魏国宗亲权贵们大多主张先伐柔然，然后再伐夏国。而当时的谋士太常卿崔浩，却主张先打夏国，他说："游牧民族组成的柔然，多以散居为主，遇到攻击就会形成鸟兽散的状态。如出动大军讨伐，就好比拳头打跳蚤，不易逮住目标；若出动轻骑的话，又很难形成合围之势，不能把他们全歼，反而还会留下后患。所以应该先灭夏国。赫连氏多年暴政，刑罚酷虐，故应先伐。"

说到这儿，一些大臣开始点头附和。崔浩接着说："一旦剿灭了胡夏，再集中优势兵力进攻柔然，对游牧部落采取分散作战、步步为营、各个击破，那么灭掉柔然是迟早的事。"

太武帝听了觉得有道理，就采纳了崔浩的主张，亲率大军渡过黄河，去袭击统万城（古城名，今陕西省靖边县白城子村）。

这次出征，虽没有攻破城池，却剿灭了几千胡夏国守兵，俘虏了几万人，掳获牛马十多万匹。北魏大将奚斤又乘胜率军征讨，接连攻克蒲阪、长安，极大地震撼了夏国现任国主赫连昌。

太武帝深知统万城坚固异常，难以攻下，就和大臣们商议，随后定下计策。427年夏天，他再次率军进攻统万城。他事先把主力埋伏在山谷中，只带一小支部队来到城下叫战，想引夏军出城应战。赫连昌一看才来了这点儿兵马，果然没放在眼里，立刻开启城门，率兵出击。

这时天空下起了雨，风雨从统万城方向朝魏军吹来。拓跋焘的亲信赵倪劝道："天公不作美，风雨正向我军袭来，冲杀时恐怕看不清楚，将士又饥渴，陛下不如改日再战。"崔浩听了在一旁叱责道："我军千里迢迢行军，为的是克敌制胜，现在正是偷袭敌人的大好时机，怎能改变主意？"

拓跋焘抬头望了望阴云密布下着雨的天空，心想，若引出敌人再往回跑，一路泥泞，将会摔倒不少士兵，万一被敌人追上，反而被动挨打。于是他派人火速命驻扎在附近的主力赶来助战。说时迟，那时快，对方骑兵已经冲出城门，朝着北魏军杀过来了。

拓跋焘见了大喝一声："呔！"就率兵冲向夏军。双方一开战，就激烈地厮杀起来。拓跋焘一马当先，奋力挥剑，迎面砍倒了几个冲上来的兵士。对方弓箭手马上围攻，数箭射来。拓跋焘躲闪不及，身中一箭，战马也被射伤倒地。幸亏部下骑兵及时赶到，挥刀砍杀了弓箭手。拓跋焘拔出箭，纵身跃上另一匹战马，带伤挥舞着剑，一路杀红了眼，连续刺杀夏军骑兵十余人，又杀了夏国一员大将。最终，北魏军击溃了夏军。

赫连昌因北魏军追得太紧，不敢由原路进统万城，只好逃往上邦（今甘肃省天水市清水县）。太武帝不肯放过，一路猛追，趁对方城门还没来得及关上，就跟着进了上邦城里。夏军发现后，全城捉拿太武帝。太武帝急中生智，和随从连忙躲进一间破屋，双双化装成乡下女人，随手在路边捡了个破篮子，与随从并肩搀扶着往城门外走去，活像一对走亲戚的村妇。趁着守城卫兵没在意，他们才得以脱险。

这时，统万城已经被闻讯赶来的北魏军主力攻占。夏国的王公大臣、将校、后妃、宫人等悉数落到了北魏军手里，同时北魏军获得马匹三十万，牛羊数千万头，财宝无数。

没有了统万城的夏国，就像秋后的蚂蚱，气数快尽了。不久太武帝又攻下上邦，活捉了赫连昌。赫连昌的弟弟赫连定不肯投降，逃出来后继承了夏国的王位，成为流亡朝廷。431年，赫连定率人马渡过黄河西迁时，被吐谷浑（又称吐浑，中国西北古代民族名；谷 yù）军队俘虏。为了跟北魏国示好，吐谷浑就把赫连定这个人质当作礼物献给了太武帝。拓跋焘拿了些银两打发走了来人，见赫连定仍旧死不投降，只好斩了。至此，这个胡夏国彻底灭亡了。

北魏斩了赫连昌以后，对夏的征战基本结束。429年，拓跋焘调整了作战方向，亲率数万骑兵，渡过戈壁大沙漠，矛头直指柔然可汗廷。柔然面对大军压境，还没来得及抵抗，队伍就被打得分成好几段。士兵们无心恋战，纷纷四下逃窜。柔然受到了沉重的打击，实力被大大削弱，开始走向衰败，再也不敢贸然侵扰北魏国边境。

通过连年征战，北魏逐渐扫除了北方的后顾之忧。从436年至439年这三年里，北魏相继灭了北燕和北凉。自西晋灭亡以后，中国北方120多年来，一直处于战火纷飞、民不聊生的境况之中。至此重新归于统一，形成了比较明朗的南北朝对峙局面。

第二十七章 世外桃源

东晋倘若把握住淝水之战这个得胜的大好机会，转而征战收复北方，以后的中国历史恐怕就要重写了。可当时的东晋偏偏陷入了权臣们争权夺利的斗争中，致使朝廷上下处于一片混乱，国力由此日渐衰落。在这样一个动荡不安的年代，却产生了一位著名的诗人、文学家，他就是陶渊明。

陶渊明（365—427年），字元亮，东晋浔阳柴桑（今江西省九江市西南）人。东晋灭亡后改名陶潜。曾祖父陶侃，是东晋开国元勋，战功显著，只因祖上不是大士族，到了陶渊明一代，家境越来越贫寒了。陶渊明从小喜欢读书，尽管家里穷得叮当响，常常揭不开锅，但他仍然对仕途名利不感兴趣，照旧清心寡欲，读书写诗，自得其乐。

陶宅正门的东侧十丈开外，有个很大的池塘，池塘旁边有一棵青松和五棵合抱的倒垂杨柳。他借此给自己起了个别号，叫五柳先生。他时常坐在一片农田的土埂上，观赏景致，即兴赋诗。他的一位好友名叫庞遵，字通之，也是浔阳一带比较有名的文士。陶渊明与他志趣相投，常常在一起饮酒品茶，除了议论时事，最喜欢探讨辞赋诗韵，研究名言哲理，品鉴圣贤文章。

相传，陶渊明有一张不加装饰的古琴，只见这琴木纹清晰，古朴厚重，光滑洁净，却唯独没有琴弦。每逢与友人作诗赏辞、饮酒聚会的时候，陶渊明就会饶有兴致地抚弄一番。好友们见了感到奇怪，忍不住问道：“此琴既然无弦，为何先生弹拨自如，以至如此沉醉？”陶渊明笑呵呵地说：“诸君吟诗作赋，声情并茂，其乐融融；然抚琴时虽无琴弦，却是意在琴先，直抒胸臆，其中酣畅淋漓的意趣，不正是来自此时无声胜有声吗？”话音刚落，众友连连叫绝。

后来，陶渊明的日子过得入不敷出，仅靠自己耕田种地，实在难以养活一家老小。亲朋好友替他的才能感到惋惜，都好心劝他外出谋个一官半职。迫于生计，他只好答应了。当地官府听说陶渊明是名将的后代，又是个才子，愿意为国家效劳，就举荐他在北府军将领刘裕手下做个参军。可没过多少日子，陶渊明就厌倦了官场上那些蝇营狗苟、尔虞我诈的应酬。他便找了个离开的借口，要求回乡做个地方官。刘裕一看留不住他，于405年的秋天，就派陶渊明来到彭泽（今江西省九江市下辖县）任职，当个小县令。

县衙离家不算远，只要从彭泽乘船，仅用两天时间就可抵达。

两晋南北朝故事

一七五

一开始，他还比较开心，虽然俸禄不高，但比起在柴桑老家过的清贫日子，还是好很多。再说也没有官场上那么多令人生厌的应酬，的确自在了不少。

当时有一条约定俗成的规定：每个县令可以拥有三百亩公田收支的支配权，收入可归县令所有。这下陶渊明可乐了，他平日吟诗作赋离不开酒，尤其嗜好高粱酿造的酒。于是他就命当地劳役把这三百亩公田全都种上高粱，等成熟了再酿成高粱酒。手下人听了一愣，不知说什么好。这件事很快被陶夫人知道了，她马上劝阻陶渊明说："你除了喝酒，难道就不吃饭了吗？"陶渊明想了想，笑着说："那这样吧，一半种水稻，一半种高粱，有酒有粮，这总可以了吧？"陶夫人哼了一声没再说话，算是同意了。

这一年冬天，陶渊明正在书房创作诗文，忽听小吏来报告，说郡里派了一名督邮来彭泽视察。对这个粗俗傲慢的地方官，陶渊明早有耳闻。别看督邮权力不大，在太守面前要是嚼起舌头来，好赖全凭他那一张嘴。这不，他一到彭泽驿馆，就差县吏去叫县令来拜见他。

陶渊明平日蔑视功名富贵，从不肯趋炎附势，如今对这类依仗权势、假借督察名义向地方县衙发号施令，以达到索贿目的的官吏十分厌恶。尽管如此，好歹也得去见一见。陶渊明不禁眉头紧蹙，一下子诗兴全无。他放下诗卷，起身准备跟小吏一起去见督邮。

小吏一看陶渊明说走就走，连身上穿的便服都不更换，吃惊地说："督邮大人来视察，不得失礼呀，照例该换上官服，束紧衣带去拜见才是，不然有失体统，万一督邮乘机做起文章来，定会对大人不利呀！"

此时陶渊明心里本来就不悦，被扫了诗兴不说，还得为此瞎耽误工夫跑一趟。一听小吏说还要身穿官服行礼拜见，简直是对自己莫大的侮辱。他叹了口气说："我可不愿为了这五斗米折腰，低三下四去跟这种小人打哈哈！"

他一边说着，一边就把身上佩戴的印绶解了下来交给小吏，当即写了一封辞职信，索性不干了。小吏手捧印绶，吃惊地望着他，半晌没缓过劲儿来。

陶渊明自打卸了官，感到浑身自在。他在家乡开了个私塾，农忙之余，就当起了教书先生。一天，有个少年慕名前来向他求教，说："陶先生，我非常敬佩您渊博的学识，常以先生为楷模，敬请先生传授一番读书的妙法，晚辈将感激不尽。"

陶渊明听了哈哈笑道："天下的学习哪有什么妙法？恐怕只有笨法子，靠的是下苦功夫啊！"说完，他拉着少年的手来到稻田旁，指着一根禾苗说："你蹲在这儿，仔细看着，告诉我它是不是正在长高。"那少年目不转睛地注视了良久，却一点儿也不见禾苗往上长，就说："实在看不出来，禾苗怎么一直不见长啊？"

陶渊明反问道："真的没见长吗？那么，幼小的禾苗是怎样长高的呢？"他见少年回答不上来，就进一步引导说："其实，禾苗时刻都在生长，只是我们肉眼看不出来罢了。读书学习，也是同样的道理，知识是靠一点一滴积累起来的，有时连自己都觉察不到，但只要持之以恒、勤学苦练，就会积少成多，成为有才学的人。"少年听了连连点头。

接着，陶渊明又指着溪边的一块磨刀石问少年："那块磨刀石的中间，为什么会像马鞍一样有个凹面呢？""那是用刀磨成这样的。"少年随口答道。陶渊明问："那它究竟是哪一天磨成这样的呢？"少年摇了摇头，用询问的眼神望着先生。

陶渊明说："这是因为人们天天在上面磨刀、磨镰具、磨斧头，日积月累，年复一年，才形成这样的凹面。学习也是这样，如果不坚持读书，三天打鱼两天晒网，那么就会有所亏欠啊！"

少年恍然大悟，兴奋地连忙向陶渊明行了个大礼，说："多谢先生指教，学生以往执迷不悟，总是想走捷径。今后我再也不去寻求什么妙法了，先生的教诲明示，学生一定牢记心上。"

陶渊明听了欣然提笔，写下了一副对联："勤学如春起之苗，不见其增，日有所长；辍学如磨刀之石，不见其损，日有所亏。"少年一字一句地读完后，不禁兴奋地鼓起掌来。

陶渊明回到隐居的日子后，理想化的浪漫情节时常萦绕着他。他不禁才思涌动，时常向往着世外桃源的意境。于是他写了一篇著名的文章，叫作《桃花源记》。文章生动地描绘了武陵渔人行船打鱼，来到一片繁花似锦、芳草遍地的桃树园林。通过对这一美景的描述，将现实社会与世外桃源的理想境地巧妙地联结在一起，抒发了他对桃花源内那片安宁静谧的社会氛围的憧憬，他由衷地期盼普天下的百姓，都能够过上自由平等、富足美满的幸福生活。作品反映了东晋时期生活在动荡社会中的广大知识分子对一种美好理想的追求。

第二十八章 刘裕摆阵

公元399年，法显离开长安后，东晋的日子就没太平过。朝廷在各地征兵，老百姓怨声载道。江浙一带百姓被当地官府强行拉去当壮丁，朝不保夕的日子苦不堪言。这时，有一个"五斗米道"（由东汉张道陵在四川创立的早期道教，因入道者须交出五斗米，故以此命名）的首领叫孙恩，趁机率领民众起义，进攻上虞、会稽等地方官府，杀了不少官吏，大大震撼了当地百姓，不少人纷纷起来响应，没几天工夫，起义大军就召集了几十万人。

浙东地区的起义大军一呼百应，来势威猛，引起了东晋朝野上下一片惊慌。朝廷赶紧派卫将军谢琰（yǎn，谢安的儿子）、大将军刘牢之前往镇压。当时刘牢之的手下有个叫刘裕的参军，有勇有谋。在讨伐孙恩的战斗中，刘裕不仅作战勇猛，身先士卒，而且指挥有方，富于智谋，常常以少胜多，显示了他作战方面的军事才能。当时大多数将领在战斗中往往纵容士兵巧取豪夺，以示对部下的奖励。唯独刘裕军纪严明，从不肆虐百姓。连日下来，刘裕因平叛有功，被封为建武将军，任下邳（今江苏省睢宁县古邳镇）太守。

这时候，桓温的儿子桓玄占据着长江中游鱼米之乡的一片沃土，形成了不小的势力。他一直惦记着称帝，如今见东晋朝廷腐败不堪，就趁着东晋的军队正在跟孙恩打仗的空当，起兵攻下了衰弱的东晋都城建康。403年，桓玄代晋称帝，改国号为"楚"。

不过东晋王朝的命数还没有绝，虽然几经折腾，倒是还有缓。以致桓玄的皇帝梦没做多久，就快要见阎王了。这一回，是刘裕联合了各地的军队，于404年与刘毅、何无忌、檀凭之等共二十七名将领，各自率兵马从京口起兵，肩负抗楚复晋的使命，形成了讨伐桓玄的大军。

众人推举刘裕为盟主，传令檄文，发往四方。各地属郡都希望恢复东晋，回到原有的安定局面，于是纷纷响应。桓玄见势不妙，眼看皇帝做不成了，立即将晋安帝挟为人质，往江陵方向逃去。

随后，刘裕率兵进入建康，坐镇京师，恢复了朝廷往日的秩序。为了消除后患，刘裕亲自指挥各路人马乘胜西进。经过一个多月的追剿征战，逼得桓玄又逃往西川，末了还是被益州的都护冯迁诛杀。405年，刘裕清剿桓玄余党大功告成，接着按照朝廷惯例，迎接晋安帝复位。

晋安帝感激不尽，为了奖励刘裕抗楚复晋有功，敕封他为侍中、车骑将军、都督中外诸军事，并以扬州刺史、录尚书事等名义，给予他入京辅政的特权。刘裕从此控制了东晋朝政，成为权倾朝野的显赫人物。

刘裕原本是个出身贫寒的小军官，在士族中没有什么地位，如今掌握了东晋大权，为了进一步提高自己的威望，他决定发动北伐。

409年，南燕国主慕容德归天，他的侄子慕容超继位，开始在安徽淮北地区凌虐百姓，致使当地民不聊生。刘裕为了扩大东晋的影响和威望，上表进言，推行扬善除恶的举措，统领晋军向北讨伐。

同年，东晋军从建康出发，沿淮河南岸前进，越过大岘山继续北上。直至410年，刘裕大军攻破了南燕都城广固（今山东省青州市西北），收复了青、兖两州，俘获了南燕暴君慕容超，押回建康当众斩首。至此，南燕暴政覆灭，淮北一带开始复苏。

往后的几年，刘裕再接再厉，逐步平定了南方的割据力量。416年，后秦国主文桓帝姚兴去世，他的长子姚泓继位，成为后秦末代皇帝。由于内部叛乱不断发生，后秦朝政危如累卵。刘裕寻思着，现在正是消灭后秦的好机会，于是整顿军队，秣马厉兵。

416年八月，刘裕再次率兵北伐，兵分两路，委派大将王镇恶、檀道济带领步兵，从淮河一带出兵向洛阳方向进攻，自己率领水军沿着黄河进军。一开战，王镇恶这一路很顺利地攻下了洛阳，接着又打到了潼关。不料，因后勤粮草接济不上，只好暂停下来。刘裕马上派人从黄河往上游运送粮草。

那时候，北方鲜卑族建立的北魏开始强大起来，它的势力范围已经发展到黄河北岸。北魏在北岸集结了十万大军，很快发现了南岸的东晋军，就想趁火打劫捞一些便宜。一旦遇上东晋军的粮船被风吹跑了，他们就立刻跑出来把粮食抢走，并且仗着人多，又杀了不少前来夺粮的东晋军士兵。

刘裕见状立刻派水军上北岸去攻打北魏军，沿岸的北魏士兵闻风而逃；等东晋军回到船上，他们又在北岸放箭挑衅，不断进行骚扰，东晋军被折腾得够呛，对北魏军防不胜防，以致无法正常行军。刘裕强忍着一肚子火，亲自进行了实地勘察，然后与将领们反复研判，运筹帷幄，终于设下了一个奇特的战略战术来对付北魏军。

刘裕首先派了一个将军带领七百名兵士、一百辆兵车登上北岸，沿岸摆开一个半圆形的阵列，两边紧紧靠着河岸，在半圆形当中的一辆兵车上竖起了一根长长的白羽毛，十分醒目。由于这种阵法形状像个月牙，所以又叫"却月阵"。

北魏军在远处观望了一阵，认为东晋军分明是在背水一战，不禁纳起闷儿来：难道刘裕连这个兵家大忌都不懂吗？为此，他们觉得实在没什么大不了的，照旧集中了三万骑兵，黑压压地向黄河北岸的东晋军发起攻击，打算把东晋军消灭在水中。这时，只见东晋军中央兵车上的那根白羽毛已被一个将领高高举起，"却月阵"中的一百辆兵车后面聚集了七百名弓箭手，开始挽弓搭箭，蓄势待发。

等到北魏军越来越近时，就见那根白羽毛突然往下一挥，只听"嗖嗖嗖"，密集的箭支就像暴雨似的横飞过去，最前面一大

两晋南北朝故事

排北魏兵立刻倒下了，后面的一群又冲了上来。眼看着遮天蔽日的北魏军一排排地压过来，以致东晋军的弓箭手都来不及放箭，情况十分危急。

此时，奔腾的马蹄扬起滚滚黄尘，不断在战场上空弥漫着，千军万马的北魏军，很快就要吞掉这支数百人的东晋小部队。此刻他们谁也没发现，在"却月阵"弓箭手的后面，埋伏着一千多支长矛，这些长矛早已静悄悄地平放在一张张大弩上。这种矛有三四尺长，矛尖由纯钢锻造，锋口打磨得十分锐利，能够轻易地穿透北魏军的盔甲。

当北魏军骑兵正呼啸着向东晋军发起猛攻的时候，只见中央的白羽毛又开始猛烈地上下挥动起来。东晋军的一组组长矛队齐刷刷地用铁锤敲动大弩机关，霎时，那上千支长矛带着金属的"嗡嗡"声，划破长空向北魏军群里飞去。每支长矛都像长了眼睛，噗噗地刺中对方身体，瞬间，三万名北魏士兵立刻倒下了好几千。剩下的北魏士兵被这种恐怖的利器吓得慌作一团，担心东晋军后面还会有什么可怕的玩意儿飞出来。眨眼工夫，他们一个个扔下刀枪，掉头就跑。东晋军乘胜追击，消灭了大批北魏士兵。

刘裕用"却月阵"打退了北魏军后，和大将王镇恶、檀道济率领的步兵在潼关会师，接着一鼓作气，又攻下了长安，灭了后秦。

这次由刘裕率领的北伐战争，是东晋建国以来所取得的最大战果。这显赫的功劳，使他先后受封相国、宋公，赐九锡，位在诸侯王之上，权势如日中天。

419年一月，晋安帝驾崩于东堂，时年三十七岁。他的弟弟司马德文继位，是为晋恭帝。第二年，宋公刘裕见时机成熟，就一心想着该圆上自己的皇帝梦了，可怎么才能使刚刚继位的晋恭帝禅让呢？自己明说的话，就会有篡位之嫌，于是特意在宋国国都寿阳（今安徽省寿县）大宴朝臣，其间感慨地说："当年残暴的桓玄篡夺了帝位，是我首先举义，带兵南征北伐，取得了显著战果，终于恢复了皇室，故此受封宋公，享有九锡的殊礼，这是有目共睹的事情。如今老夫年近花甲，只想奉还爵位，告老还乡，不然身居高位而无所作为，又怎能安心呢？"

尽管刘裕这几句话讲得用心良苦，却也含蓄得可以，居然谁都没听出来这里的弦外之音。群臣除了一番歌功颂德，赞叹他的高风亮节之外，只顾开怀畅饮，这让刘裕心里怅然不已。

散席后，只有老谋深算的黄门侍郎（古代皇帝近侍之臣）傅亮单独留了下来，由于他广涉经史，善于文辞，早就听出刘裕的意图，此时他胸有成竹地对刘裕说："我明白主公的心意，这次回京就拟写诏书，请晋恭帝禅让，到时候您就瞧好吧。"

刘裕心中不由得暗喜，表面上只是淡淡地说了句："谋事在人，成事在天，将来的天下是否在握，就看兄弟的了。"傅亮回到建康后，很快探得即位不久的晋恭帝在朝廷并不自在，整日如坐针毡，于是计划中的事就好办多了。

420年六月，刘裕入京后，傅亮将草拟好的禅位诏书上呈，请恭帝抄写。一切都在意料之中，晋恭帝立刻欣然誊抄，并心甘情愿地让禅退位。随后，刘裕即皇帝位，改国号为宋，是为宋武帝，成为南朝刘宋的开国君主。至此，东晋王朝灭亡了。

第二十九章 才高八斗

刘裕代东晋自立为宋武帝后，吸取了晋朝逐渐走向衰败的经验教训，进行了一系列改革，削减了王公贵族的特权；原先由富豪乡绅占用的土地，统一由郡县进行管理；对贫穷百姓采取减轻赋税，鼓励发展生产，多劳多得的政策。出身贫寒的刘裕，对底层老百姓的艰辛有着切身的感受，从小就养成了节俭的习惯。他深知只有百姓的日子好过了，国家才能富强。

刘裕通过一系列改革，令经济很快得到了复苏。人们安居乐业，日出而作，日落而息。随着百姓生活水平的提高，文化艺术也得到了相应的发展，尤其在文学史上，出现了一位中国山水诗派的鼻祖——谢灵运（385—433年）。

谢灵运原名谢公义，生于会稽（今浙江省绍兴市），出身于东晋显赫一时的大士族家庭。他的祖父谢玄在淝水战役中击败了前秦苻坚，为谢氏家族增添了荣耀。他的曾外祖父，就是东晋著名的文学家和书法家王羲之。

由于谢灵运的父亲谢瑍（huàn）早年去世，当爷爷的谢玄就格外疼爱这个孙子，忍不住对亲近的人说："我生了谢瑍，他虽英年早逝，却怎么生出了灵运呢？"他认为这个小宝贝一定是上天赐给谢家的礼物。谢玄为了培养他成才，就把幼年的小孙子寄养在一位学识渊博的钱塘道士杜炅（jiǒng）的道馆中，使他从小能得到良好的教育。

由于受到家族和道士潜移默化的影响和教诲，谢灵运从小酷爱读书，喜欢博览经史，从中不断吸取养分，从而激发了他在文学尤其是诗书辞赋方面的天赋。当他十五岁回到建康时，文章已写得出类拔萃，江南与他同龄的人几乎无人可及。

久而久之，他的诗文和书法造诣，在当时就产生了很大影响。人称"康乐公"的他，游遍名山大川，创作了很多诗篇，成为我国古代山水诗的奠基人。

他创作的文章豪迈奔放、意境悠远；辞藻丰富、文采过人。在文坛上享有"文章之美，江左第一"的美誉，其中的佳句更是脍炙人口。

例如，对春天的描绘："池塘生春草，园柳变鸣禽"（《登池上楼》）；对夏日的体验："首夏犹清和，芳草亦未歇"（《游赤石进帆海》）；对秋景的描写："野旷沙岸净，天高秋月明"（《初去郡》);对冬天的感受:"明月照积雪,朔风劲且哀"(《岁暮》);等等。他从四季自然美的变换中,巧妙地刻画出不同景物的意境,给人们以美的享受。

有一次,他在创作中情不自禁地对身边的人说:"天下的文才一共有一石(十斗),其中曹子建(指曹操的儿子曹植)独占了八斗;我的才学可得一斗;剩下一斗,天下其他人共分。"这个评判虽然在彰显自己,倒是充满了对曹植的钦佩,这就是成语"才高八斗"的出处了。

420年,刘裕建立了南朝宋以后,任谢灵运为散骑常侍。只因他凡事锋芒毕露,与人交往也从来不会圆通,常常在无意中就得罪了朝中权贵。朝廷只把他当作有才华的文人,而不是有才干的政治家。而他自认文采过人,有能力参与朝政,却不被赏识而受到重用,于是经常感到愤愤不平。

422年,宋武帝驾崩,长子刘义符继位,即宋少帝。他整天寻欢作乐,不问政事,权臣们就乘机排挤谢灵运,不久将他贬谪为永嘉(今浙江省温州市下辖县)太守。这一来,谢灵运索性四处游山玩水,经常十来天不归,除了吟诗作赋,对政事一概不闻不问。结果任职刚一年,他就称病离职,返乡隐居。

424年,檀道济与徐羡之等顾命大臣废掉宋少帝,随后拥立刘裕的第三子刘义隆登基为帝,史称宋文帝。文帝很赏识谢灵运的才华,就调任他为秘书监,让他写一本《晋书》,可他只写了粗略的提纲,就给搁下了。这时常有人向皇帝告状,说谢灵运这也不是、那也不行。朝中的王公权贵,对谢氏家族历代文士、重臣所产生的影响力，也一直非常忌惮，为此，在宋文帝那儿也没少咬耳朵。

皇上听多了这些话，就在一次上朝时问谢灵运："谢爱卿，你说说人活在世上，也就不过百年，这做皇帝、当官和做老百姓，哪一样不是活着，为什么大家都争着想当官，更想做皇帝呢？"

谢灵运一听，觉得皇帝对自己还是挺信任的，连这种只对后宫嫔妃说的悄悄话，也口无遮拦地问自己，率真的他一阵欣喜，拱手说道："陛下，实不相瞒，微臣以为，这世间最好做的就是老百姓了，当官其实最不好做，动不动就做错事或说错话，有时候都不知自己错在哪里。"

皇帝看他欲言又止，就笑着对周边的大臣们说："你们先下去吧。"回过头来对谢灵运笑了笑："爱卿接着说吧。"

谢灵运一看朝臣们都退去了，于是放了心，略微提高了点嗓门儿："陛下明察秋毫，微臣却有难言之隐。若是不跟同僚拉关系，套近乎，人家就说你孤芳自赏，不合群；要是和谁多说了几句话，日后成了不错的朋友，如果分寸拿捏不好，又免不了被说成是结党营私，万一遭人嫉恨，说不定还会给你扣个乱党的帽子。"

"哦？听你这么说，还真不如做个平民百姓呢！"皇帝调侃道。

"可不是。说句实在话，做官可真不是常人能干的事，可叹微臣生来木讷，稍不留神就会掉在坑里，真是勉为其难啊！"谢灵运接着掏心窝子，这会儿全然把皇帝当成了知心朋友。

皇帝正想找个碴儿罢他的官，结果送上来一大堆话柄，于是笑呵呵地对他说："既然你这么厌恶做官，也真够难为你的。我看这样，从今往后，你还是回家做个自由自在的老百姓吧。"

谢灵运一听，才发觉自己上了皇帝的当，看来皇上早就拿定了主意，故意挖个坑让他往里跳。他虽然讨厌官场，可没想到说了一番大实话，却把官职给弄丢了，心里挺不好受，只好哑巴吃黄连，闷闷地回了声："多谢陛下龙恩！"就这样，谢灵运神情沮丧地回到了家乡会稽。

郁闷不已的谢灵运由于无处宣泄，回乡后就变得恣横傲慢起来。当地有个太守叫孟顗（yǐ），由于信奉佛教，有一次和谢灵运聊起佛事来。不料，谢灵运压根儿就瞧不上他，当面讥讽道："想入佛道说来容易，那是需要慧根的，您老先生升天可能在我之前，要是一旦成佛，那肯定在我之后。"孟顗听了这话气得够呛，从此跟他结下了怨仇，背后没少给他下绊儿。

谢灵运依靠祖辈们留下的丰富家底和广泛人脉，生活富足，奴仆众多，另有上百名先辈的门生故吏愿意和他往来。由于他喜好游山涉水，经常大兴劳役，没少干开山造湖的事情。他曾经从始宁（今浙江省嵊州市北）南山另辟蹊径，逢山开路、遇水搭桥，一路上伐林毁田，一直折腾到了临海县。临海太守王琇听到手下报告，以为是强盗山贼肆意妄为，正准备捉拿，后来才弄明白是谢灵运带人干的事。太守不想为此结怨，这才作罢。

431年，宋文帝又让谢灵运出任临川内史，但谢灵运早已对官场厌倦，于是消极怠工，称病不理政务，跟在永嘉当太守那会儿一样，到处游山玩水。结果地方官员们联名奏章弹劾他，要治他的罪。谢灵运不服，反而把一些地方官给扣押起来，接着赋诗一首：

"韩亡子房奋，秦帝鲁连耻。本自江海人，忠义感君子。"这首诗将刘宋王朝比作暴秦政权，并以张良、鲁仲连比作自己，暗示要像他们那样，为灭亡的故国复仇雪耻。这下惹了大祸，朝廷立刻加重了他的罪名，将他流放到广州。

谢灵运刚被押到广州。他以前的哥们儿得知后就聚集了一伙人，在三江口劫救他，结果这伙人搭救不成反倒被抓。于是有人奏禀皇上，状告谢灵运结党营私，蓄谋造反。宋文帝最怕谋反的事儿，立刻一纸诏书，下旨将谢灵运就地正法。谢灵运明知活不了多久，却并未呼天喊地，击鼓鸣冤，而是平静地写了一首绝命诗：

"龚胜无余生，李业有终尽。嵇公理既迫，霍生命亦殒。凄凄凌霜叶，惘惘冲风菌。邂逅竟几何，修短非所悯。送心自觉前，斯痛久已忍。恨我君子志，不获岩上泯。"诗中凄楚哀怨之情，溢于言表。诗中称述的龚胜、李业均为汉代名士，好比前诗中说的子房、鲁连。

这首作于433年的《临终诗》，前四句列举了四位历史人物和自身相比，控诉了刘宋王朝对自己的迫害，流露出对晋室的追怀和难以叶落归根的遗憾，期待远离世间种种执着，超越凡尘。最终，谢灵运被当朝冠以聚众谋反的罪名，于广州被杀，时年四十九岁。

第三十章 唱筹量沙

公元420年，东晋重臣刘裕终于大权在握，就想图个新气儿，断然改变了东晋百年来的老字号，建立了刘宋王朝，这下可以仿照当年汉武帝那样，风风光光地一统江山，名流千史了。战功赫赫的他，既然做了皇帝，就得留下一世英明的帝号，想来想去还是自称为宋武帝比较堂皇。谁知戎马一生，搞得他心力交瘁，免不了重病缠身，仅仅做了两年皇帝就驾崩了，接着太子宋文帝即位。

439年，北魏太武帝拓跋焘通过连续征战，陆续吞并了周边一些小国，统一了北方。往后的一百多年里，形成了南方和北方政权对峙的局面。北方的北魏，也没能维持多久，就逐渐分裂为东魏、西魏；而东、西两魏后来又分别被北齐、北周取代。刘宋王朝灭亡后，先后更替为齐、梁、陈三个朝代。历史上把这段频繁变化的时期称为南北朝。

宋武帝刘裕在位时，对追随他的功臣都进行了封赏，尤其对檀道济，格外进行了加封。檀道济曾随刘裕进攻后秦，率先攻入洛阳，俘获降兵四千余人，立下了汗马功劳。

当时东晋将领为了替手下战死的兵士们申冤，纷纷主张杀掉俘虏，报仇雪耻，以壮军威。檀道济却不同意，他说："挥师北征是为了顺应天意，解救苍生，怎能枉杀？"于是他下令释放所有俘虏，让他们解甲归田，回乡与亲人们团聚，并明令东晋军入城后不得扰民。

刘裕对他的做法很赞同。军令颁布以后，为北伐获取民心，减少伤亡起到了很大作用。为此，宋武帝任命檀道济为丹阳尹、护军将军。不久又增添了种种头衔，委以镇北将军、南兖州刺史，镇守广陵，监管淮南诸军。

426年，宋文帝在位时期，镇守荆州的谢晦不满朝廷的封赏，开始抗拒朝命。文帝从广陵召回檀道济，想听听他有什么法子，就问："现在谢晦在荆州拥兵自重，无视朝廷命令，屡屡犯上作乱，现已威胁到建康。你是父皇一直器重的老臣，看看有什么办法来对付他？"

檀道济说："承蒙陛下信任，据微臣所知，谢晦老练干达，富有谋略。臣曾与他一同随武帝北征，运筹帷幄，定下入关十策，其中有九策是出于谢晦帐内。"

"这么说谢晦是个善于谋略的人，还真有点儿不好对付了？"文帝有些担忧起来。

"不过他虽然擅长计谋，却不曾率军驰骋疆场，尤其是短兵相接的遭遇战，他更不在行。陛下尽可放心，臣愿请缨前去征讨，一战将他擒来即是。"

宋文帝一听老臣说得那么有把握，龙颜大悦，信心倍增，于是亲率大军数万，命檀道济为先锋，溯江西上征讨。由于刘宋军兵强马壮、实力雄厚，很快击溃了谢晦，平定了叛乱。这以后，檀道济又被加封为征南大将军，任江州刺史。

430年，为了彻底解除北魏对刘宋王朝的威胁，文帝命檀道济率军北伐。宋军前卫部队一路向河南进军，速战速决，很快收复了洛阳、虎牢等地。这一来，把北魏太武帝拓跋焘给惹急了，他亲率大军予以反击。宋军前线部队一路鏖战，还没来得及喘口气儿，就被北魏大军打得溃不成军，刚刚占领的不少地盘又纷纷失守，只好退驻滑台（今河南省滑县）。

431年，檀道济率军赶往滑台搭救驻守此地的刘宋军，行军至寿张(今山东省聊城市阳谷县东南寿张镇)时，遇到北魏将领安平公乙旃（zhān）眷。檀道济身先士卒，领军奋勇交战，大破北魏军，随即乘胜北进。此后二十多天，双方频繁交战达三十余次，刘宋军节节胜利，一直追赶到历城（位于今山东省济南市东南部，南依泰山，北濒黄河）。

这时候，一路取胜的檀道济不免有些骄傲起来，防备也开始松懈了。北魏军瞅准机会，利用两支轻骑兵悄悄地迂回到刘宋军的前后，突然发起袭击，放火烧掉了刘宋军的大部分粮草。檀道济的军队即将断粮，很难再坚持下去，末了，只好从历城退兵。

刘宋军的一些士兵饿得不行，为了混口饭吃，在撤退时偷偷溜了出来投降了北魏军，等填饱了肚子，就把刘宋军已快断粮的秘密透漏给了北魏军。北魏军一听来了精神，于是紧紧追击。刘宋军时刻处在险境中。这天晚上，檀道济在军营巡视了一圈，发现饿着肚子的士兵怨声载道，眼看就要断粮，北魏军又步步紧逼，他心急如焚，马上找来几位将军商议，最后定出了一条妙计。

没多一会儿，营帐外面燃起了无数火把，只见征南大将军檀道济亲自带领一批管粮的兵士，聚集在一个营寨旁查点粮食。一些兵士手里拿着竹筹唱着计数，另一些兵士用斗在量米。一边装，一边听见士兵们高声数着：一斗、二斗、三斗……

不大工夫，米袋里都装满了沉甸甸的大米。几个士兵忙着唱收唱付，另一群兵士扛起百十来斤重的米袋，大声吆喝着号子："嗨呦，嗨呦……"就这么从东头扛到西头，在营帐之间川流不息，热闹非凡。这分明是在"唱筹量沙"（成语：把沙当作米，计量时唱收唱付），可远处一看，半夜里灯火辉煌，士兵们劲头十足地喊着号子在扛运军粮，忙得不亦乐乎，一看就是没饿着肚子。

眼看天快亮了，檀道济命令士兵把装满的沙袋堆放在帐外，一些口袋鼓得都绑扎不住，只好敞开着，上面一层白花花的大米露了出来，在缺粮的战况下，格外引人注目。

此时，北魏军的探子立即跑回去，把刘宋军半夜分粮的事向主帅报告，说："檀道济营里军粮还绰绰有余，他们配送军粮，

故事里的中国历史

忙乎了一夜，看来不宜跟檀道济决战呀。"主帅感到疑惑，忙吩咐心腹再去查个明白。天蒙蒙亮时，有几个北魏军主帅的心腹扮成乡下的农夫来到刘宋军营帐前，看到一袋袋装得满满的粮食堆放在那里，几个伙夫当着他们的面，旁若无人似的哼着小曲，手拿葫芦瓢，从口袋里舀出大米来做早饭。

这几个"农夫"看得清清楚楚，一会儿工夫，他们就闻到锅里冒出来香喷喷的米饭味儿，立刻饥肠辘辘，馋得直流口水。可是在人家地盘，万万大意不得，还得装作没事儿人似的，蹑手蹑脚地连忙跑回去再向主帅报告。

主帅一听，对手下人说："檀道济一向诡计多端，明明是军粮充足，却叫士兵来诈降，谎报粮草已断。恐怕他早已设下埋伏，骗我们出来追击他们，万一陷入刘宋军的圈套，后果真是不堪设想啊！"

主帅越想越生气，一拍桌子喝道："来人哪，把那些前来诈降、谎报军情的刘宋军士兵统统杀了！"

那些忍饥挨饿的刘宋军士兵，当初偷偷跑出来投降北魏军，不过是为了讨口饭吃，结果一夜之间稀里糊涂地丢了性命，算是倒了霉。

次日，天空出现鱼肚白，檀道济命令将士统统戴盔披甲地跟着他，自己穿了一身便服，乘着一辆马车，神态自若地沿着大路向南驶去。北魏军安颉（jié）等将领曾经被檀道济打败过多次，对刘宋军用兵一直很发怵，此时，眼巴巴地瞧着刘宋军从容不迫地跟着一个穿便服的首领往回走，心里干着急，吃不准他们有多少弓箭手在暗地里藏着呢，想到这儿，谁也不敢贸然追赶。

檀道济以镇静自如的神态连夜指挥将士们"唱筹量沙"，保障了刘宋军于次日清晨安全地撤军。打这起，北魏人一听到檀道济的名字就十分忌惮，再也不敢轻易南犯。

第三十一章 范晔著史

公元420年，宋武帝建立刘宋王朝后，对跟随自己建功立业、辅佐自己登基的亲信们大加封赏，其中有一人被拜为金紫光禄大夫、散骑常侍，这个人就是范泰。范泰的儿子很有名，是南朝刘宋时期杰出的史学家，名字叫范晔（yè，398—445年），是史学名著《后汉书》的作者。

范晔出生在一个较有名望的士族家庭，祖上在西晋初期，就已经是朝廷的重臣了。他从小在家庭中受到了国学文化上的熏陶，尤其是父辈们对史学方面所持有的严谨态度和探究精神，给少年时代的范晔打下了深深的烙印。

从他的曾祖父范汪撰写《尚书大事》开始，到他父亲范泰写下《古今善言》，家族每一代人都有著书立说的传统。由于受到家庭的影响，天资聪颖的范晔从小好学，在少年时期就已通读经史，喜欢撰写文章，成了小有名气的学士。

414年，范晔才十七岁，州刺史就召他为主簿。他和父亲范泰一样，对东晋日趋衰微的朝政不屑一顾，倒是倾向于实干的政治家和军事天才刘裕，为此一直不愿做东晋的官。刘裕称帝后，二十三岁的范晔，应召到刘裕的儿子、彭城王刘义康的府下任职。在此后的十多年里，范晔一直在刘义康身边辅佐政务，出谋划策，尽心尽力。

429年，即位五年后的宋文帝刘义隆身体欠佳，朝内需要有可靠的族人来协助理政。于是召彭城王刘义康进京主持朝政，范晔也一同来到了京城，并得到当朝的重用，但是好景不长，自己上升的仕途才刚开始，没想到一夜之间发生了变故。

432年冬，彭城王刘义康的母亲王太妃去世。下葬当晚，刘义康把同僚们召集到府内，一起帮助料理丧事。范晔虽然也在其中，可面对刘义康母亲的丧事，实在悲伤不起来。当时范晔的弟弟范广渊任司徒府祭酒，范晔兄弟俩夜里闷得慌，就邀了两位酒友一同在屋里喝起酒来。

丧葬期间，哥儿几个关起门来偷着喝点儿小酒，虽有不恭，倒也坏不了大事。可偏偏几杯酒下肚，范晔就来了酒瘾，居然推开窗子，开怀畅饮，对月吟歌，笑声朗朗，这下可就犯了大忌。

好事不出门，恶事传千里。第二天一早，打小报告的人都快排上队了。刘义康开始还半信半疑拿不准，只听得耳朵里嗡嗡作响，丧母之痛正搅得他心里难受，突然冒出个冲撞殡丧的朝臣，成何体统？他越想越生气，就报告了兄长宋文帝。文帝听后一纸宣文，三言两语就把范晔打发到宣城（今安徽省宣城市）当个小太守去了。

这次贬官，对范晔是个很大的打击。他虽然出身名门士族，但因为是小妾生的庶子，在他的家族人眼里，出生就矮了半截儿。被贬以后，哪怕他有再高的才华、再大的能耐，也得不到人们的重视。这使范晔心情异常压抑，十分苦闷。

在宣城上任时，为了改变这种长期困扰自己的痛苦心境，范晔开始从事东汉史书的编纂工作。在他写《后汉书》之前，东汉史书已经有了很多种版本。从东汉的明帝到灵帝，经过班固、刘珍、伏无忌和蔡邕（yōng）等几代历史学家的努力，写成了纪传体式的《东观汉记》。后来，史学界三国吴的谢承以及晋代的薛莹、司马彪和刘义庆等人相继又有著作面世。

范晔熟读了这些前人撰写的史料，并加以融会贯通，以简明扼要的叙事风格，结构严谨而周详有序的编排，日积月累，写成了文辞优美的《后汉书》。后人读了连连称道，赞扬他所取得的成就明显超过了前人，以至取代了以前各家的东汉史，受到后世史学家们广泛的重视。

在《后汉书》里，著有不少关于励志方面的名言，人们耳熟能详，至今脍炙人口，比如：

有志者事竟成——南朝宋·范晔《后汉书·耿弇传》（弇 yǎn）；

不入虎穴，焉得虎子——南朝宋·范晔《后汉书·班超传》；

精诚所加，金石为开——南朝宋·范晔《后汉书·广陵思王荆传》。

这些至理名言，对后人立志发奋图强有着不可估量的激励作用。

由于他多年不问世事，一心埋头著书立说，宋文帝开始逐渐认识到他的才华。440年，下旨把他调入京城担任统领部分禁军的左卫将军和太子詹事。这以后，范晔的视野不断开阔，才华也得到了充分的展现。他除了学识渊博，写得一手好文章外，还精通音乐，长于书法。随着赞扬的人一多，范晔不禁清高傲慢起来，不太把周边的人放在眼里了。别人看他尾巴一翘，就知道他好景不长了。

宋文帝听说他的琵琶弹得好，还能创作乐曲，就很想聆听一下，为此在朝上屡次向他暗示。范晔却总是假装糊涂，借故岔开，就是不肯弹奏。在一次宴会上，宋文帝只好向范晔明示："我想听你弹奏一首曲子，你能为我演奏吗？"话说到这个份儿上，范晔只得奉旨弹奏。待曲子一完，他立即收了琵琶，不论众人怎样叫好，都不肯多弹一曲。在充满陷阱的官场上，范晔好像从来都不懂得保护自己，这不免又为他引来了杀身之祸。

当时的彭城王刘义康由于长期执政，势力越来越大。宋文帝看在眼里，心里不免猜忌起来。日子一长，兄弟之间的矛盾愈演愈烈。440年，宋文帝眼看着纸包不住火了，就以"结党营私，图谋不轨"的罪名，开始一个个地诛杀刘义康的亲信刘湛、刘斌等十余人，待清除了刘义康的左膀右臂，接着就解除了刘义康的宰

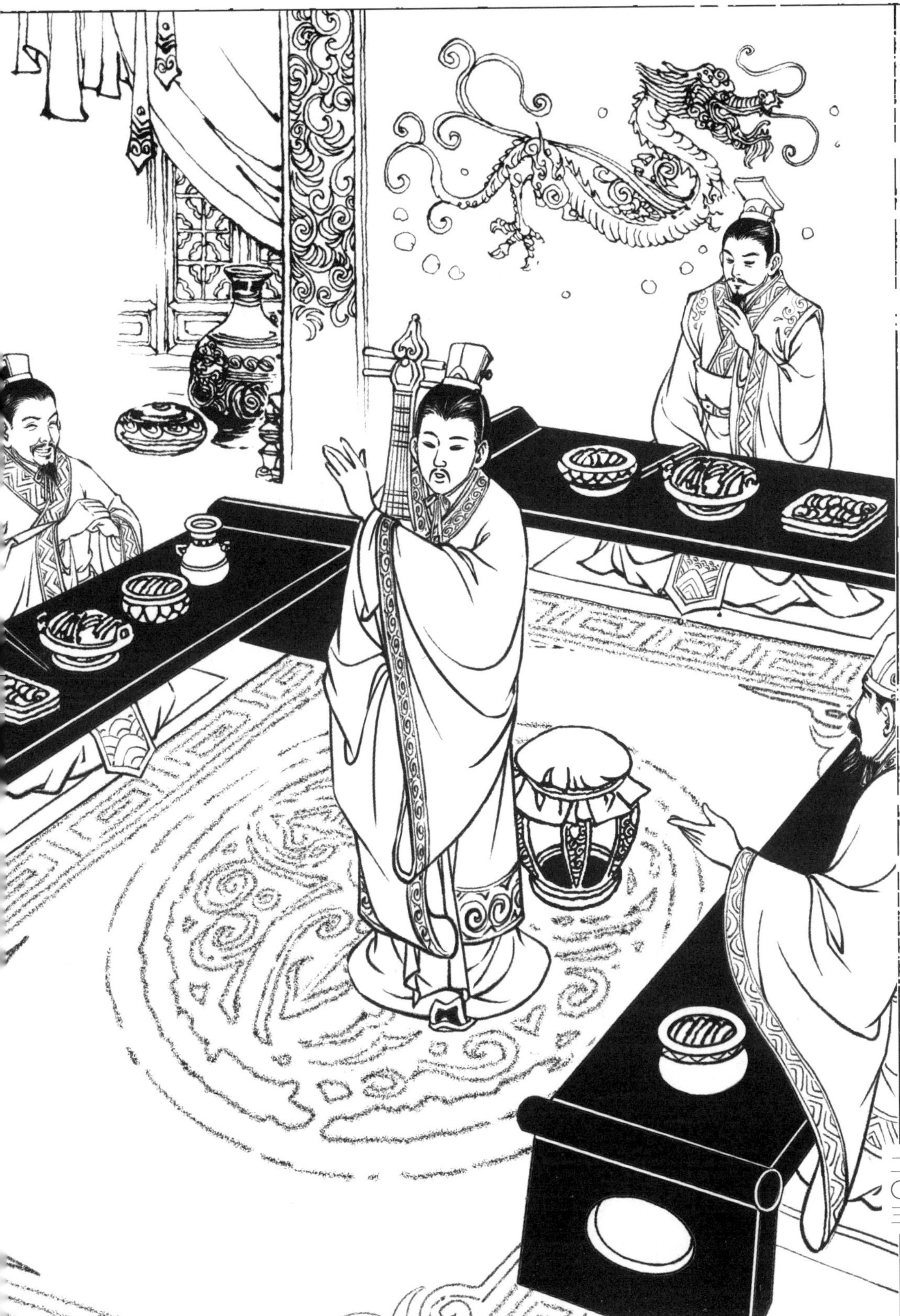

辅职务，将他贬到豫章任江州刺史。

刘义康到了豫章后，不甘心被贬，于是日夜加紧活动，准备夺权。444年，刘义康的几个心腹密谋筹划政变。由于范晔掌握着一部分禁军，又多年在刘义康的部下为官，在此关键时刻，就成了他们重点拉拢的对象。此时，刘义康也为当初上疏致使范晔受宣城之贬向他频频致歉。范晔寻思着，人家当头的都道歉了，要是政变成功，刘义康称了帝，自己还不成了他的铁杆儿吗？到时候加官进爵自不在话下。功名心促使他大胆地参与了策划，决心反叛朝廷。

445年十一月，刘义康手下的徐湛之担心事情败露，于是上疏宋文帝，告密政变的主谋是范晔，并呈上参与政变的名单和相关书信证据。宋文帝听完，火冒三丈，立刻扣下了徐湛之，随即诏令刑部，"马上逮捕要犯，依法严惩"。

余怒未消的宋文帝心想：当初范晔在王太妃出殡当夜玩忽职守，酗酒喧哗，实在有辱朝纲。而朝廷念他是初犯，并没有重责，只不过贬他到地方做个太守罢了。后来由于招贤纳士，才不计前嫌，请他复出，委以统领禁军要职。如今他非但不知恩图报，反而参与谋反叛乱，今番实在不能轻责。

当夜，范晔等刘义康手下数人被捕。宋文帝诏令朝臣会聚东阁，怒气冲冲地质问范晔："尔等为何谋反？"接着向他出示了谋反的书信证物，并告知他，徐湛之等人都已招供。范晔身陷囹圄（líng yǔ，监牢），只得供认不讳，并且无怨无悔地表示："臣有负于国，罪行深重，愿被处死。"

范晔从皇上那儿得知,原来告密者是一直嫉妒自己的徐湛之,不禁作诗感叹:"祸福本无兆,性命归有极。必至定前期,谁能延一息。在生已可知,来缘尽无识。好丑共一丘,何足异枉直。"范晔在临死前写了一封信给徐湛之,里面说:"我一定会在阎罗王那里控诉你!"

同年十二月,这位才华过人的史学家,在众人的叹惜下被押赴刑场。临刑前,范晔深为自己嗟叹:"可惜!满腹经纶,葬身此地。"死时年仅四十八岁。

第三十二章 实话实说

鲜卑族拓跋部是我国东北的一个分散的游牧部落，在逐渐吸收、融入中原文化后，开始整合散落的游牧部落，效仿起中原的王朝统治。公元386年，贵族拓跋珪建立了北魏王朝，自立为魏道武帝。为了巩固北魏的统治，他选用了一批汉族士人当谋士，崔浩就是其中的一员。

太常卿（属于宗族祭祀的长官）崔浩为了巩固北魏政权，多年来出谋划策，巧妙布局，转战沙场，在历次战争中立下了很大功劳。后来，北魏第三代皇帝拓跋焘于423年即位，是为魏太武帝。

魏太武帝心想，北魏建国已有三代了，却还没有一部记载这个时期的历史书，如今统一北方的大业已经完成，该写部国史来记载一番丰功伟绩了。于是，魏太武帝就让这位三朝元老、官至司徒的崔浩统管秘书监的事务，并让他和太傅高允等文职官员撰写北魏国的历史，随后叮嘱他们说："撰写国史可一定要诚实记录。"

皇帝编国史的目的，无非是要光宗耀祖，留给皇室宗亲、子孙后代仰慕仿效。但崔浩等人一致认为，皇帝有谕旨，必须要如实记录，于是一板一眼地干了起来。他们收集了北魏国上代的史实资料，用了几年的时间编写了一本北魏国编年史。如果当时把写好的书上交给魏太武帝，也就完成了差事，或许还能得到一些奖励。

可偏偏崔浩手下有两个文人，一看国史已经大功告成，就打算跟着捞点好处，于是紧着拍上司的马屁，提议说："司徒大人，是否应把国史刻在石碑上，让朝廷的文武百官都来看看，那该有多风光啊！一来可以提高您的声望，二来也给后代的史学家做个典范，这可是功在千秋的大好事啊！"

崔浩一听，起初有点儿犯晕，再一细琢磨，马上得意起来，心想没准儿还能加官进爵呢。那会儿，他感觉飘上了天，别提多舒心了。

接下来，崔浩破例调用了大批工匠、远远超出了原有材料的预算费用，把国史一字不差地刻在石碑上，然后命人用马车运到郊外，竖立在天坛两侧。这个地方只有皇帝每年祭祀时才来，这下倒好，显赫的碑文吸引了络绎不绝的路人，不由得驻足观看起来。

崔浩打算将刻碑的工程来个先斩后奏，既然奉命写好了国史，晚一两天请功也不要紧，到时候给皇上来个惊喜，就等着陛下龙颜大悦吧。鲜卑的贵族王公们闻讯赶来一看，见碑文里把他们祖上的那些不能见光的丑事都写进去了，气得捶胸顿足，一个个跑到魏太武帝那儿去告状，要求非得办崔浩的死罪不可。一心想请功的崔浩，这下可闯了个大祸。

魏太武帝不相信崔浩会蠢成这样，马上派心腹去探个究竟。探子来到现场，只见路人在碑前交头接耳，议论纷纷，话里话外说的都是前朝祖上的那些事；一会儿工夫，人聚得越来越多，有人居然指着石碑，当众调侃起皇祖的八卦来了。探子不敢多待，速报朝廷。皇上一听，那还了得！这不是成心给朕蒙羞吗？气得直拍桌子，下令立刻把石碑砸了，接着把崔浩等几个写国史的人统统逮了起来，严加审问。

太子听说后，吓了一大跳。他不为别的，只是替太傅高允担心。高允是太子的老师，又是和崔浩一起编史书的人，要是被这件事卷进去，恐怕就别想活了。情况危急，太子速命人把高允接进东宫（太子的居所），对他说："崔浩刻碑文捅了大娄子，先生想必已知晓，今天就住在东宫吧，明天我陪您朝见皇上。如果圣上问起来，您就照我的意思回答，别的什么都不用说。"

"君子坦荡荡，有什么可怕的？"太傅不以为意地躺着说，还没等太子答话，就打起了呼噜。

第二天，太子陪同高允去朝见魏太武帝。他让老师先候在殿前，自己上殿对魏太武帝说："秉父王，高允做我的老师已有时日，这期间，儿臣受益匪浅。先生一贯谨慎从事，从不擅权。修纂国史若存在谬误，完全是崔浩一人所为，虽说先生参与了编史，可实际上以辅助为主，他自己并没撰写多少。请皇上开恩，赦免高允的死罪。"

魏太武帝听了，心想，太子还真是个有良心的孩子，一个劲儿地护着老师。但是主犯可别想溜，必须要承担罪责。于是召高允进殿，问他说："国史都是崔浩写的吗？"

高允觉得一人做事一人当，关键时刻不能苟且偷生，马上老实巴交地说："启禀皇上，《太祖记》是前辈著作郎邓渊所写，《先帝记》和《今记》是在下与崔浩共同执笔完成的。不过呢，崔浩平日的事情多，编撰过程中，只是裁定了此书的大纲而已，史书的具体内容，老朽要比崔浩写得多。"

魏太武帝一听，瞪了太子一眼说："你听见了吧？他自己都承认比崔浩写得多，这罪可比崔浩还大，叫我怎么能饶他呢？"

太子赶紧说："陛下息怒，高允先生只是个小臣，没有经受过这样的场面，一定被父王吓住了，所以才语无伦次。刚才在殿外我问他时，他还说主要是崔浩写的呢。"

魏太武帝看着这个实诚小子，又是疼爱又是气恼，转过脸来又问高允："太子说得对吗？"

高允怔了一下，忙拱起手大声说："老朽不敢妄言，太子因卑职教他学问，学生念及师长私情，执意救臣于水火才如此说。其实，他刚才并没问过臣。"说完，他坦坦荡荡地直起了腰，平静地望着魏太武帝。

太子听了连连跺脚，急得心脏都快蹦出来了。魏太武帝倒是有点儿蒙：这个老头儿真够倔的，一点儿也不怕事儿大，居然一个劲儿大包大揽，理当处罚，可他偏又是皇儿敬仰的老师，实在不好发落。想到这儿，索性一摆手，说了句："此事朕要明查，你们都先退下吧。"

第二天，魏太武帝对太子说："太傅临危不惧，敢于担责，这可不是一般人能做到的。尤其在生死关头，他仍然坚守诚信，这才是真正的君子。作为臣子能做到不欺瞒君王，这就是忠贞。这样的朝臣不可多得，宁可漏掉一个罪犯，朕也要宽容他。"于是，魏太武帝没有追究高允的罪责。

事后，太子责备高允说："先生，您应当见机行事啊！我为了让您免去死罪，才编了那番话，可是您非要实话实说。皇上一旦动了怒，谁能阻挡得了呢？这可是命悬一线的事，现在想起来，我都心跳得厉害。"

高允却说："崔浩刻碑这件事，只顾扬名，不惜人力物力，是有错误。不过我认为记载历史，应该尊重史实。这样做一来是给后人以明鉴，二来也是对皇上的一种鞭策和告诫。如果历史可以随意篡改、一味粉饰，那么再糟糕的皇帝，也可以美化成明君，历史上也就不存在昏君和暴君了。正因为历史要按照事实记载，历代皇帝为了自己的名声，多少也有点儿约束，不能肆意妄为。这些难道不是当史官的责任吗？"太子听了老师的话，暗暗点头，更加佩服他的品行与人格。

高允回去不久，魏太武帝一想起史书和碑文，还是咽不下这口气，于是用了个狠招儿，下旨命高允撰写诏书，来定崔浩他们的死罪。高允知道皇上是想借刀杀人，就故意拖着一个字也没写。魏太武帝等不及了，派人一再催问。高允说："我要求面奏皇上。"

当天，高允进宫对魏太武帝说："启禀陛下，崔浩的案件倘若还有其他罪责，我无权过问，若仅是因为修国史而扩展到刻碑这样的错误，臣以为远不至于定死罪。"魏太武帝一听，高允还为崔浩开脱，又当众给自己难堪，实在是个不识好歹的老顽固，于是大喝一声，叫武士把他捆了起来。后来太子再三恳求，一直等到魏太武帝消了气儿，才放过了高允。

魏太武帝的心胸能有多大呢？实在不能指望。要是没有太子一直护着老师，高允是过不了这道鬼门关的。末了，由于石碑一案，皇帝还是没能饶过崔浩。450年，这位年逾古稀的三代功臣，做梦也没想到会被处死，而且被斩草除根，满门抄斩。高允为了挽救其他参与写史的朝臣，一再苦苦央求，总算保住了其他人的性命。

故事里的中国历史

第三十三章 大发明家

南朝刘宋经历了宋武帝和宋文帝相对稳定的时期后，到了宋孝武帝即位时，就乱了套了。皇室宗亲不断为争夺皇权而争斗，致使父子、叔侄、兄弟反目成仇。在这种此起彼伏、充满杀戮的宫廷内讧中，刘宋王朝很快就衰落了。

在这个时期，却涌现出一位杰出的数学家、天文学家，他就是祖冲之（429—500年），字文远，范阳郡遒县（今河北省保定市涞水县）人，他的主要成就凸显在数学、天文历法和机械制造这三个领域。

祖冲之的父亲祖朔之，在朝廷一直当个小官，由于仕途渺茫，于是望子成龙心切。当祖冲之五六岁时，父亲便不准他出去玩耍，而是逼着他背诵经书，没想到小家伙对那些枯燥难懂的文章毫无兴趣，不但读不懂，背下来就更难了。两个多月后，祖冲之在他父亲的逼迫下，只能磕磕巴巴地勉强背下十来行，气得他父亲把书狠狠地摔在地上，瞪起眼睛骂道："你真是个大笨蛋！"

祖冲之的祖父祖昌在刘宋朝中担任大匠卿的职务，负责管理全国的土木建筑。小时候的祖冲之总是和祖父待在一起，每当祖父工作时，他就在一旁观看老人家画各种各样的工程草图，听他讲解建筑方面的知识。久而久之，祖冲之对数学、天文、机械产生了浓厚的兴趣。

一天，祖父在制作一辆马车的时候，因为做轮子的模具坏了，不得不用手来画圆，可怎么画也画不圆。祖冲之见爷爷犯了难，琢磨了一阵，就找来一根绳子，奶声奶气地叫着："爷爷，您把住了绳子的那一头，可别动啊！"

祖父一听就乐了，赶紧说："好嘞，我不动。"说完他马上用钉子把绳子的一头扎在地里，只见祖冲之在另一头绑上画笔，围着钉子的圆心在地上均匀地画了一圈。祖父见了十分震惊，兴奋地叫了起来："太好了！"心想：自己搞了大半辈子的土木工程，怎么就从来没想到用这个方法来画圆呢？他高兴得抱起祖冲之亲了又亲，直夸他："哎呀，大孙子，真聪明啊！"

大概小时候的这段经历，使得祖冲之一直对圆有着一种强烈的好奇心。有一次他翻阅刘徽在《九章算术》中作的注解时，被刘徽高度的抽象思维和富于理性的概括深深吸引住了，尤其为书中讲解的"割圆术"和不断展开的二维几何观所折服，禁不住拍案叫绝，连连称赞："太了不起了！"

随后，祖冲之发现刘徽计算到圆内96边形，求得的圆周率为3.14。按照刘徽的观点，圆内接正多边形的边数越多，圆周率的值就会越精确。那么3.14实际上就是一个大概值。他发现这个值还不够精确，为此不肯罢休，非得探个究竟不可，于是产生了要把圆周率进一步计算精确的想法。他对儿子祖暅（gèng）说了这个想法。儿子高兴地说："您既然有这个想法，咱们就把圆再往下分呗，分得越细，那圆周率就应该越准！"祖冲之一听，正合心意，高兴地拍了一下儿子的肩膀。

父子俩说干就干。他们来到一片空地上，先把场地仔细地打磨平了，然后以半丈长度为半径，画了一个直径一丈长的大圆，接着就小心翼翼地开始"割圆"：6边、12边、24边、48边、96边。算的结果跟刘徽的完全一样。祖冲之一看有门儿，二话没说，蹲在地上跟儿子继续往下割：192边、384边、768边……边数越画越多，相距的两个边长越来越小。父子俩一直蹲在地上，全神贯注地测量着边长，头也没敢抬，万一算错一丁半点儿尺寸，那可就前功尽弃了。

末了，到了日落西山时分，他们已画出了细细的24576条边，经再三核算，每一相距的边长为0.00012783丈，也就是1厘2毫7丝8忽3微，相当于0.4261毫米。这么短的长度得用针尖才能画得出来。可见祖冲之父子为了求解答案，可真没少费工夫。若是再往下画，用针尖也不行了。祖冲之乐呵呵地站了起来，捶了捶腰，擦着汗说："按道理，把这个圆这么割下去，是没有穷尽的。

现在咱们也没办法再往下割了，我看就割到这儿吧！"儿子也起身揉了揉发酸的眼睛，兴奋地说："好嘞，爹，听您的！"

把一个圆分割成两万多条边，量出了不到半毫米这样精确的边长，大大超越了前人得出的96边形的结论。父子俩一想到这儿，别提多高兴了。就这样，祖冲之在前人成就的基础上，又经过刻苦钻研，反复演算，终于求出圆周率在3.1415926与3.1415927之间。精确到小数点后7位，这在当时的平面几何运算中，的确是一个了不起的成就。在这个领域里，全世界只有他一人独占鳌头。

为了纪念祖冲之对数学的杰出贡献，一些外国数学史家建议把圆周率叫作"祖率"。

祖冲之在精确地计算出圆周率后，又与儿子一起用巧妙的方法解决了球体体积的计算。这是一项重要的立体几何计算题。一千多年后，这一原理被意大利的数学家卡瓦列利（1598—1647年）发现，被西方称为卡瓦列利原理。为了纪念祖氏父子的这一重大贡献，后人也称这一原理为"祖暅原理"。

祖冲之不但在数学方面富有天赋和造诣，在天文历法方面也有很高的成就。他通过博览名家经典，根据长期观察，反复进行核算，从大量的资料中对比分析，发现过去的历法发展到南朝刘宋之时，已经有了不小的进步，但其中仍存在一定的误差。于是，在他三十三岁时就编写成一部《大明历》，并对以往的谬误进行了纠正，开辟了历法史的新纪元。

这部历法测定了每一回归年的天数，计算出两年冬至点之间的时间，跟现代科学测定的相差不到一分钟；测定月亮环绕地球

两晋南北朝故事

一周的天数，跟现代科学测定的相差不到一秒，可见计算的精度已经相当高了。

462年，祖冲之请求宋孝武帝颁布新历，期望以此来替代旧历版本中的不足。宋孝武帝拿不定主意，就召集大臣商议。有一个宠臣叫戴法兴，他不问青红皂白，上来就表示反对，指责祖冲之擅自改变古历，是离经叛道的行为。

祖冲之当场用他研究的数据驳斥了戴法兴。戴法兴依仗有皇帝罩着他，蛮横地说："历法是古人制定的，多少年来一直都在沿袭，后人怎么能随意改动呢？"祖冲之毫不示弱，严肃地说："你如果有事实根据，就尽管拿出来辩论，不必拿古人定制的东西吓唬人。"

宋孝武帝根本搞不懂新老历法的区别，只好又找了一些懂点历法的人跟祖冲之辩论，结果这些人一个也没站住脚，都被祖冲之给驳倒了。昏庸的宋孝武帝明知一伙人都驳不倒他，偏偏还要护着这帮庸才，就是不肯颁布新历。在他眼里，这帮庸才就是自己的奴才，听他的话才是道理。为此，直到祖冲之去世了十年之后，他创制的《大明历》才得到后代的推行。

祖冲之不但对数学、天文历法进行过广泛的研究，取得了卓越的成就，而且擅长举一反三，触类旁通，在机械制造上也有不少骄人的贡献。他陆续发明和创造了"指南车""千里船""水碓磨""计时器"等机械设备，对推动科学技术的发展，提高社会生产力，功不可没。这位成绩斐然的南朝刘宋科学家，一直成为国人的骄傲，并受到此后世界各国科学家们的尊敬。

第三十四章 范缜辟佛

公元479年，衰微的南朝刘宋已经日薄西山。这时，西汉丞相萧何第二十四世孙、握有军政实权的萧道成，一看时机成熟，就立刻夺取了刘宋政权，建立了齐朝。为巩固自己的统治，萧道成任用了一批新人，在这批人里，有个无神论者叫范缜（约450—约510年），字子真，南乡舞阴（今河南省泌阳县西北）人。

出身贫寒的范缜，由于从小刻苦，才气出众，二十多岁就被朝廷任用，从此踏上了仕途。由于政绩不错，后来又从地方上的小官升任尚书殿中郎（掌拟写诏命的文官，主办宫廷礼乐之事）。

到了萧道成的儿子齐武帝萧赜（zé）时期，为了进一步缓和南北对峙的局面，范缜曾作为文化使者出使北魏。在和对方的交流中，他的学识和能力受到北魏朝野广泛的称赞。回到南齐后，他更加坚定了自己的治国理念和强国信心，开始在朝中发挥作用。

南北朝时代，从天竺流传过来的佛教，渐渐地盛行起来。从南齐的皇帝到大臣，都希望少一些战乱，多一些休养生息的利民国策。佛教讲究通过自我修行达到度己度人的境界，这对统一民众意志，稳定朝政统治，起到了一定的促进作用。于是，当朝开始提倡信奉佛教。

南齐的宰相竟陵王萧子良，就是一个笃信佛教的人。萧子良在建康西郊的鸡笼山下盖了一所宅子，把它叫"西邸"。他经常在此举行宴会，邀请一些名士学者喝茶聊天，谈论的大多都是关于诸子百家的学问。萧子良还召集了一些文人，专门在西邸抄写儒家的经典和百家的著作，编成了一部书，叫《四部要略》，一共有一千卷。日子一长，西邸就成了学者文人们相互交流、探讨学问的地方了。有时候，萧子良还请来庙里的和尚，给客人们念佛讲经。

到了489年的暮春时节，在一个天高云淡的晴朗日子里，宰相萧子良在西邸大会宾客，应邀的达官贵人、名人学士以及精通佛理的高僧等接踵而来，坐满了厅堂。范缜那天也应邀参加了聚会。席间高僧开始谈论佛法，讲述因果报应、生死轮回的道理，随后又肯定地说：权贵们的财富、地位都是前世修行得来的。

这些话，对无神论者范缜来说，无疑是一种挑战。正当那个和尚说得起劲儿的时候，忽然在客席上有人扑哧一声笑了起来。

两晋南北朝故事

萧子良抬头一看，笑的人正是范缜，就绷起脸责备他说："范缜，你不好好听高僧讲论佛法，笑什么？"

范缜站起来，大声说："他说的，我实在听不懂。我只知道一个人有了身体，才能有精神存在；身体死了，精神也就没了，怎么还会有'来生'呢？"

萧子良听了气得脸色发青，不禁加重了语气说："你不信因果报应？那好，你倒说说，为什么有人生下来就富贵，而有人生下来就贫贱呢？"

范缜从容地看了看大家，不慌不忙地说："好，那我就说说。这其实也没什么奇怪的。打个比方吧，人生就好比树上的花瓣，经风一吹，花瓣随风飘落，说不定会飘落到哪里。有的掠过窗帘，落在座席上面；有的吹到篱笆外，落在茅坑里。花瓣招谁惹谁了？可境遇就是这么不同，难道说这都是前世的因、后世的果造成的吗？"

众人一听，一阵躁动，和尚们更是唏嘘不已。范缜接着说："人也是这么回事：落在座席上的花瓣就像高高在上的大王；落在臭茅坑里的大概就是我，贫贱低下。所以说富贵、贫贱，就是那么一回事儿，哪里有什么因果报应呢？"

这时底下有个人嘀咕起来："什么？没有前世因后世果，这不是胡扯吗？"

范缜反问道："那么请问一下：在坐的各位，有谁知道自己的前世行了什么善，积了什么德，还是犯了什么罪？"这一问，真把大伙儿给问住了。谁也没答上来。萧子良皱了皱眉，一看响午已过,就扫兴地摆了摆手,宣布宴会结束。

范缜回到家后,觉得虽然驳斥了萧子良等人,但是还没有把道理说透,于是又专门写了一篇文章,叫作《神灭论》,其中说道:"形体是精神的本质,精神只是形体的作用。形体和精神关系就好比一把刀的刀刃和刀刃锋利的关系一样。没有刀刃,就不存在刀刃锋利的作用。没有形体,哪会有什么精神呢?"

这篇文章一面世,就在朝廷上掀起了轩然大波,朝臣们议论纷纷,为此争论不休,几乎闹得翻了天。一些萧子良的亲信,都建议应把范缜狠狠地整治一下。萧子良早已阅过文章,嗟叹之余,觉得范缜的确才思敏捷、逻辑缜密、笔触老到。为此他不想以势压人来打击范缜,仍然想以理服人。

于是萧子良打算举办第二次大辩论。他从全国各地召集了一批佛门高僧,请他们在大厅上依次而坐,准备跟范缜进行辩论。他心想,这种精英荟萃的高峰论坛,要的就是以理服人,自己先静观着,等范缜下不了台阶时,再拉他一把也不迟。

总之,以举国之力对抗区区一人,这还不是稳赢的事情吗?胜券在握的萧子良,甚至准备了庆功宴,就等着好戏收场呢。不料范缜仍然胸有成竹,用他的无神论观点向反驳他的人提出了不少问题,结果僧俗两界的精英们轮番败下阵来。这场大辩论,简直成了范缜个人的脱口秀。

眼看局势越来越不利,有个叫王琰的学者玩儿起了人身攻击,讽刺范缜说:"哎,范先生啊!您不信神灵,那可就连您祖先的神灵在哪儿都不知道喽!"话音刚落,引得在场的各界精英哈哈大笑。

范缜听了冷笑一声,立刻反唇相讥:"可惜呀,王先生,您既然知道您祖先的神灵在哪里,为什么不早点去拜见他们呢?"

萧子良一看辩论驳不倒他,又担心范缜的这篇《神灭论》影响太大,会动摇朝臣们对佛教的信仰,就想出一个"招安"的办法。没几天,他派了一个叫王融的亲信去劝说范缜。王融一进门,开口就说:"范先生啊,宰相十分赏识像您这样有才干的人,很想保举您做个中书郎。识时务者为俊杰,您何苦一定要去发表与潮流相悖的观点呢?说实在的,我都替您感到惋惜。您还是把那篇文章收回吧。"

范缜听了哈哈大笑,说:"我范缜如果放弃自己的观点去求官,那么要做更大的官也不是什么难事,怎么会在乎您说的中书郎呢。"王融一听,就知范缜还是一根筋,死杠到底了。他只好叹了一口气,悻悻而去。

萧子良一听王融的汇报,只好作罢,从此再也不提此事了。后来,梁朝取代了齐朝。崇信佛教的梁武帝一上台,就把佛教立为国教。同时,他要好好治一治这个一根筋的无神论者,打算彻底从精神上击垮范缜。于是他亲自发动达官贵族、学士文人、僧侣等六十多人,写了七十多篇文章,来集中反驳和批判范缜的《神灭论》。

被邀请来的许多僧俗两界的名流口诛笔伐,什么法子都用上了,结果还是不能叫范缜服输。这一来,他的无神论主张遭到统治者的忌惮,当朝再也顾不上什么以理服人了,最终把他弹劾出朝廷，流放到广州。不久范缜病死他乡。

范缜所著的《神灭论》，在中国古代思想发展史上，被后人认为是一部划时代的哲学作品。他在形神关系的论点上，运用已知的论据来论证，将无神论思想的论点，提高到一个新的阶段。

第三十五章 临朝称制

当年北魏太武帝拓跋焘，在横扫北方周边小国之后，实现了统一，而处于内乱之中的北燕，末代君主昭成帝冯弘的三个儿子，冯崇、冯朗、冯邈由于逃过一劫而侥幸活了下来。

太兴元年（431年）冯弘继位时，废掉了原配妻子王氏，又废黜了王氏所生的长子冯崇，令他镇守肥如（为辽西郡治所），把后妻慕容氏所生的儿子冯王仁立为太子。第二年四月，昭成帝冯弘册立后燕皇族的女儿慕容氏为皇后，原配妻子王氏所生的广平公冯朗、乐陵公冯邈担心被继母迫害，于是兄弟二人一同逃往辽西，劝说长乐公冯崇投降北魏。

冯崇早就不满父王废妻立后这种绝情的做

法，此时，他担心自家兄弟们随时会遭到来自皇后的迫害，为了求生而献出了全郡领地，带领自己的两个兄弟，于432年十二月投降了北魏。

兄弟们没想到的是，受降之后的哥儿仨居然得到了太武帝拓跋焘的信赖和任用。其中冯朗被拓跋焘内迁到关中，担任北魏秦州和雍州的刺史。后来冯朗的儿子、女儿也都在长安出生。女儿从小就长得天生丽质，招人喜爱，长大以后，成了北魏时期的冯太后。

449年，太武帝拓跋焘下诏，命大将军冯邈带兵征讨柔然。结果冯邈战败被俘，投降了柔然。太武帝得知后怒气冲天，下令将冯邈的家人灭门。诏书一到，那个冯朗兄弟，正在风平浪静中当着两州刺史的地方官，还没来得及喊一声冤，就被刀斧手夺了命。当时冯朗的妹妹已是太武帝拓跋焘的左昭仪，她心急如焚，从旁一再护佑冯朗的女儿冯氏，总算在刀下保住了她的性命。这个年仅八岁的小姑娘，最终以赎罪的名义进入皇宫，做了一个小奴婢。

冯氏在宫里一直得到姑母左昭仪的提携和悉心照顾。多年来，形形色色的宫斗一直伴随着小姑娘的成长。几年后，靠着姑母左昭仪在宫中的权势和自己的机敏，这个花季少女成功地进入了北魏文成帝拓跋濬（jùn）的视线，被赐封为冯贵人。

到了456年，十五岁的冯贵人长得窈窕多姿、端庄秀丽，被立为中宫皇后，母仪天下。同年，文成帝立两岁的儿子拓跋弘为皇太子。按照北魏"立子杀母"这一怪异而又残忍的规定，拓跋弘生母李贵人被赐死，随后将皇太子交给了冯皇后抚养。

465年六月，二十六岁的文成帝驾崩，为此冯皇后受到很大打击，陷入了深深的悲痛。大丧出殡时，依照惯例，皇帝生前的用品要被彻底焚烧，百官和嫔妃都要到场哀声痛哭，那样的葬礼才显得隆重圆满。此时，冯皇后耳边哭声震天，面对熊熊大火，她悲痛欲绝，纵身跳入火堆。左右慌忙上前将她救出，一阵忙乎，总算扑灭了烧到衣裙上的火苗，接着用水洗净了她熏黑的脸庞。过了好半天，一度昏迷的冯皇后才苏醒过来。

冯皇后这一跳，恐怕她自己也没想到，为日后登上朝廷、执掌朝政做出了绝妙的铺垫。三天后，拓跋弘即位，即北魏献文帝，年轻而又有胆识的冯皇后就成了冯太后。少帝即位后，贪权、狂傲的太原王、车骑大将军乙浑，面对孤儿寡母，企图阴谋篡位。北魏的朝政大权面临严重的政治危机。

早已见惯宫斗现象的冯太后，面对乙浑的恶意挑衅，并不甘心束手就缚。她利用在宫中进行祈雨大典的机会设下埋伏，邀乙浑入宫参与此项活动，然后当机立断，铲除了乙浑和他的同伙，平定了"乙浑之乱"。那时拓跋弘只有十二岁，在众臣的恳求之下，冯太后正式开始临朝处理国政。

临朝第一天，冯太后就宣布："为了杜绝因皇帝年幼，朝廷遭奸臣欺凌、导致图谋篡位的事件再次发生，即日起，由本宫临朝听政，避免奸党篡权。"诏令一出，动荡的时局终于得到了平定。

通过这件事，冯太后表现出果敢善断的政治才能，给满朝文武留下了深刻的印象，大大提升了她在朝野上下的威信。虽然冯太后临朝听政仅有一年半，却凭借自己多年在宫中生活的阅历，显示出过人的机智与胆识，避免了北魏政权遭到篡位。

467年八月，献文帝喜得贵子拓跋宏。冯太后有了这个长孙，十分高兴。时隔不久，她就决定退出朝堂，交由初为人父的献文帝亲政，自己转而担当起抚养皇孙拓跋宏的职责。没想到打算含饴弄孙的她，让禅不久却惹上了麻烦。

献文帝亲政以后，一心想培养自己的亲信，拉拢一批心腹结成死党，以此来扩充自己的势力。原来冯太后重用的那批人，纷纷遭到贬黜。渐渐地，权力之争使这对名义上的母子，隔阂越来越大，最终发生了由量到质的变化。

471年，执政不力的献文帝迫于众臣压力，禅位给五岁的太子拓跋宏，就是北魏孝文帝，自己做上了太上皇。面对太子刚刚即位，太上皇并不肯放弃手中的权力，屡屡行使皇权，颁布诏书，甚至亲自率兵出征。太上皇假禅位、真操控的行径，冯太后都看在眼里，她决心要除掉这个绊脚石，再次掌权执政。

476年夏天的一个夜晚，冯太后派人在酒中下了毒，不费吹灰之力就除掉了这位年轻而又跋扈的太上皇帝。这个当初大开杀戒、疾恶如仇的献文帝，死时年仅二十三岁。至此，冯太后以太皇太后的身份，带领大臣们重新主持国家大政。

此后，冯太后开始展现她杰出的执政能力。她广言纳谏、博采众长，先后推行了三制：

一、班禄制。即按户征收一定的税收作为官吏的俸禄来源，内外百官按职位高低来确定俸禄的等级。俸禄确定之后，凡犯有贪赃枉法罪的，一律处死。"班禄制"打击了任意贪污勒索的风气，改变了北魏原先野蛮落后的政治制度。

二、均田制。实行一种按人口分配土地的制度，部分土地在耕作一定年限后归耕者所有，部分土地在耕者死后归还官府。

三、三长制。规定五家为邻，设一邻长；五邻为里，设一里长；五里为党，设一党长。三长的职责是检查户口，征收租调，征发兵役与徭役。冯太皇太后从加强中央集权出发，认为实行三长制，征收租税就能做到有根有据，又可查出隐匿的闲散人员。

这三项改革制度的推行，使北魏的国力迅速得到了增强，同时推动了鲜卑游牧文化转向较为先进的汉族农耕文化，对促进民族融合做出了显著贡献。在中国历史上，冯太后被认为是北魏汉化改革的主要推动者，成为较有作为的古代女政治家之一，为推动中国历史的进程起到了积极的作用。

第三十六章 迁都洛阳

冯太后从第一次临朝执政，为期一年半后让贤，到第二次力挽狂澜，再度主持朝政达十余年之久。在这期间，她为北魏国力的增强打下了坚实的基础。

太和十四年（490年）九月，四十九岁的冯太后死于平城皇宫的太和殿。她临终前曾对自己殡葬的安排立下遗旨："死后过月即行安葬。幽房设施、棺椁修造，一切丧事务必俭约，不必劳费。陵内不设明器（指古代皇族下葬时带入地下的随葬器物，即冥器），至于素帐、垫褥、瓷瓦器皿等，均可不置。"冯太后的遗言体现了她一生厉行节俭的性格。

冯太后的去世，使孝文帝痛不欲生，五日内

他滴水未进，一直沉浸在悲切的哀悼中。由于多年受到太皇太后的影响，魏孝文帝立志要在执政上有一番成就。二十四岁的他开始掌权后，认为要加强北魏的统治，就必须得吸收中原文化，同时要改革落后的风俗。

他认为北魏定都平城（今山西省大同市东北）以来，已近百年，由于平城地处偏僻，气候恶劣，生产的粮食不能满足京城的需要。再说天高皇帝远，北魏政权很难有效地控制中原地区。另外，北方的少数民族柔然逐渐强大起来，这随时会对北魏构成威胁，一旦受到骚扰，就难以有效地掌控大局。于是，孝文帝下决心要把国都从平城迁到洛阳。

他担心大臣们眷恋故土，会提出反对迁都的意见，于是，先提出要一统中原，必须大规模进攻南齐。493年，魏孝文帝召集文武百官商议，提出要讨伐齐朝。大臣们刚过了几年舒心日子，一听要南下去打仗，都愣住了，谁也不说赞成的话，但又怕得罪皇帝，谁也不敢反对，大家都低头不语。

沉默了一会儿，有人站出来说："请陛下回想一下以前南伐东晋的教训吧。当年苻坚一意孤行，结果因他自己亡了国；我朝太武帝南征，兵力损失了一半还多，前车可鉴哪！现在咱们的国力还不够强盛，千万不能把打仗的事当儿戏呀！"

说话的人是孝文帝的叔叔，任城王拓跋澄，在朝廷上很有威望。他担心才二十多岁的侄儿皇上，冒冒失失地干这种傻事可不行。既然是他的叔父，这会儿不能不劝他。没想到孝文帝一听就变了脸，挺霸气地说："国家是我的，如今我的国不比往昔，我想干什么就干什么。任城王，你刚才说这话是什么意思？想动摇军心吗？"

这句话把大臣们都吓蒙了，一个个大气不敢喘。拓跋澄仗着辈分在那儿，非但没被吓住，反而上前一步，提高了嗓门儿说："虽说国家是陛下的，可我也是国家的大臣。国家兴亡，匹夫有责，怎么能看着危险而不作声呢？"

孝文帝觉得谁都没明白他心中的意思，只好闷哼了一声，宣布退朝。回到宫里，他单独召见拓跋澄，对他说："实话跟你说，刚才我向你发火，是为了吓唬大家。你难道不觉得平城只是个用武的地方，根本不适合在这里进行朝政改革吗？"

拓跋澄愣了一下说："那倒是，不过……"没等他说完，孝文帝接着说："现在我打算移风易俗，改革朝政，只有迁都到中原才行。刚才我号召出兵伐齐，其实是想借这个机会，带领文武官员迁都洛阳，这才是我的本意。你看怎么样？"

拓跋澄听完孝文帝的话，恍然大悟，高兴地说："皇上英明，打算迁都洛阳，实在是深谋远虑，出乎老臣所料。自古以来，周朝、汉朝都在洛阳建都，那里有着深厚的中原文化，在这样有文化底蕴的地方建都，的确是个好主意！"

孝文帝接着说："我就是担心大伙儿在这里待久了，舍不得离开平城，所以才拿攻齐来说事儿。"

拓跋澄说："这种大事，您不说谁也想不到。不过皇上已经决断，我看大家也没什么可反对的。"孝文帝想了想，觉着还是先不提迁都为好。第二天，他下令立刻整顿军队，备齐辎重，准备向南征伐齐朝。同时，另派一队人在黄河上搭起浮桥，好让军

故事里的中国历史

队顺利通过。

493年夏末，一切准备妥当，魏孝文帝亲自率领步兵和骑兵三十多万，浩浩荡荡地从平城出发。快到洛阳时，正好赶上秋雨连绵，没完没了地足足下了一个多月，因道路泥泞，行军困难重重，人和马不断发生滑倒跌伤的事故。孝文帝眼瞧着大家怨声载道，自己却跟个没事儿人似的，照样一身盔甲骑着马慢悠悠地行进，不但没让大伙儿休息，反而下令继续进军。

大臣们本来就不想出兵伐齐，又遇上这场大雨，一个个连连叫苦。直到实在忍不住了，大家才纷纷诉说雨天不利行军，力劝孝文帝停止进军。

等大臣们七嘴八舌地诉说完了，孝文帝一脸严肃地说："既然你们都这么说，我可以答应先不打仗。可是，咱们这么兴师动众、大张旗鼓地出来了，要是跟缩头乌龟似的再折回去，那不是让天下人笑话吗？我看这么办吧：既然不南征，干脆就迁都。咱们把国都迁到洛阳，你们看怎么样？"

大臣们一愣神儿，皇上昨天喊打仗，今天又要迁都，不会是在儿戏吧？随后他们就喊喊喳喳地嚷嚷起来，说什么的都有。孝文帝不耐烦地把手一挥，大声地说："我决心已定，不南征，就迁都。现在听宣：打算跟朕迁都的往左边站，准备南征伐齐的往右边站。"

有几个大臣以为站到右边能回老家，正想往右边挪步，一听站这边要去打仗，赶紧又收回脚步，心想千万不能站错队，可又不想迁都，于是停在原地犯了难。

这时，有一个大臣果断地说："如果陛下答应不南征，我们就赞成迁都！"孝文帝应了声："好！"大臣们一听，好歹不用打仗了，迁都又死不了人，于是都不再犹豫了，齐刷刷地站到了左边。孝文帝朝大臣们笑着眯起了眼，心里头直偷着乐。

经过一段时间，孝文帝终于把国都迁到了洛阳。等文武百官的家眷陆续安顿好后，他按照原计划，决定要对旧的风俗习惯进行改革。

在一次上朝时，他问大臣们："你们希望我当朝能有些作为、进行移风易俗的改革好呢，还是平平庸庸的、因循守旧好呀？"话音刚落，咸阳王马上抢着说："当然希望陛下有作为啦！要是能超过前代的皇帝才好呢！"

孝文帝说："要是这样的话，咱们是把老一套规矩变一变，还是死守着不放？"这会儿大臣们才听出皇上话里有话，都先后顺从地说："陛下英明，臣等期待北魏天下日新月异！"

孝文帝一听有门儿，紧接着又问："你们是想帝位到我这儿结束呢，还是留给子孙后代？"大臣们齐声说："愿陛下的江山代代相传！"

孝文帝高兴地站了起来，提高了嗓门儿说："那好，就照大家说的，我们实行改革，到时候谁也不能违背啊！"

孝文帝趁热打铁，为了加快与中原文化的融合，宣布了几项法令：

一、规定三十岁以下的朝廷命官，即日起改说汉语，倘有违反的，视不同情节给予降职或撤职；三十岁以上的不勉强，如能下功夫改过来说汉语，经过考核成绩优异的，可以酌情加封。

二、规定官员一律改穿汉人的服装，女人要学习汉人的裁缝手艺，掌握织布绣花的技能。

三、大力提倡鲜卑人与汉民士族通婚，婚后必须改用汉人的姓氏。

北魏皇室由鲜卑人而立，历来姓拓跋，这回孝文帝决定以身作则，开始采用汉人的姓，将皇家的姓拓跋改为元，自己的姓名就叫元宏。

魏孝文帝改革的成功，促进了北魏政治稳定、经济繁荣，同时，加快了鲜卑族与汉族的民族大融合与文化交流。至此，北魏进入了一个鼎盛时期，这对后来北方的社会发展，产生了深远影响。

第三十七章 撰《水经注》

北魏孝文帝推行改革以后，北方与中原大地的文化交流日趋频繁，由于实施鼓励北方少数民族与汉族通婚的政策，消除了原有在语言和生活习俗等多方面的隔阂，加速了民族之间的交往与融合，国家经济进入了良性循环。

在这期间，涌现出一位杰出的地理学家和文学家。他的名字叫郦道元（约470—527年），字善长，范阳郡涿县（今河北省涿州市）人。他的父亲是北魏平东将军、青州刺史、永宁侯郦范。郦道元从小就跟着父亲到处旅行，走遍了祖国各地的山川河谷。美如诗画的秀丽景色，在他幼小的心灵中留下了深深的印迹。

由于受到父亲的影响，郦道元自幼好学，博

览群书，喜好游览。他跟随父亲在青州的时候，和友人游遍了山东半岛。胶州的风土人情、青岛的海陆风光、威海的磅礴大气、齐鲁民风的憨厚朴实，给他留下了一幕幕难忘的印象，以至后来他对地理产生了浓厚的兴趣，并通过不断积累，最终成为北魏著名的地理学家和散文家。

郦道元成年以后，继承了父亲的爵位，走上了仕途生涯。做官以后，也像他父亲似的，利用各种机会到各地游历。不同的是，他每到一地，除了考察、参观名胜古迹外，还用心勘察水流地势，了解沿岸地形、地貌的形成以及当地的气候、土壤对百姓生活和生产所带来的影响。

为此，他经常思考一些地理问题，譬如怎样利用不同地域的河流走向，来增强当地民众的生产能力，从而适应该地区地貌的生产方式，提高人们的生活水准。通过对不同地域的考察，他发现，自己实际观察到的数据与以往在书本里读到的东西存在着一些出入。

随着游览的增多，郦道元对地理越发地痴迷，平日最喜欢阅读的书籍，就是有关地理方面的文献，比如前代的《山海经》《禹贡》《周礼·职方》《汉书·地理志》以及三国时代的论著《水经》等。

在阅读过程中，一旦有所感悟，他就立刻做出注解、写下笔记。他对《水经》一书非常感兴趣，只是觉得写得有些简略，还不够完整，比如记载干流一百三十七条，并不符合我国地大物博的实际情况；又比如同一条河流，对它的发源地或河道变迁的记载，与他考察时了解的情况很不一致；有些书对同一地区山川地貌的描述，也

故事里的中国历史

不尽相同；还有对沿河城邑兴衰的记载，偶尔会在文献中产生前后矛盾的现象，让人搞不清来龙去脉，也很难对这些地理的本来面目形成清晰的脉络。总之，他时常在阅读中有一种无所适从的感受。

为了改变这种现状，他萌发了一个心愿，打算亲自对华夏河流及其地理环境做一番细致的勘察，然后根据取得的详细数据，整理出符合历史变迁的地理概况，再用文字和图解来标明现存的山川地貌。他认为这项庞大的编著工作如能圆满完成，对国家日后开发利用国土资源，将发挥重要的作用。

为此，他将这部地理内容涵盖广泛的著作起名为《水经注》，并认为这部实用性很强的地理文库，必将对后世产生积极的实用价值和参考作用。他暗下决心，尽量利用出门办事的机会，进行有针对性的地理考察，为此经常走访民间，参考学习各地方志的记载，以此来搜集第一手材料，为完成这一心愿做好充分准备。

俗话说，心诚则灵。正当郦道元有这个心愿的时候，机会终于来了。孝文帝励精图治地推行改革，使国家得到了持续稳定的发展。于是他打算到外地巡视、游览一番。郦道元本是皇帝身边的侍从文官，正好可以随行考察。

在跟随孝文帝历时两年的巡视中，行程不下万里。郦道元从中得到了巨大的收获，不仅考察了沿途的山山水水，同时还借鉴了司马迁当初在撰写《史记》前，需要提前落实哪些准备工作的经验，这使他受益匪浅。所到之处，他拜访了不少耄耋（mào dié，泛指老年、高龄；耄，指八九十岁的年纪；耋，指七八十岁的年纪）老人、地方文化名士，并参观了许多历史遗迹，为此大开眼界，陆陆续续掌握了大量前所未闻的素材和资料，为日后撰写《水经注》这部地理专著，奠定了丰富而坚实的基础。

孝文帝去世后，宣武帝元恪和孝明帝元诩先后即位。郦道元觉得在朝廷里限制太多，不利于经常外出考察，于是向当朝皇帝禀奏，申请离开京城赴外地任职。当朝皇帝早有耳闻，知道他多年来一直迷恋山河大川，就一纸诏令，准奏他到地方任个官职。这下可把郦道元乐坏了。一旦忙完公务，他就去各地倾心搜集材料，研究地理学问，并结合自己多年来在野外的考察记录，开始逐一整理我国北方河川山脉的分布特点以及来龙去脉，同时动手撰写《水经注》。

在整理撰写《水经注》的过程中，他把更多的时间花在了对已有书籍的考证博引上。为此，他阅读过的古籍达 437 部之多，并且还大量采用了汉魏以来的各类碑刻、民间谚谣、耆老宿绅（泛指年岁高的士大夫；耆 qí）的记忆口述等。这些口述超越了书本的记载，成为他非常宝贵的资料。郦道元由此信心百倍，日积月累地悉心收集各项数据，认为这里面的价值不仅可以印证古籍上的记载，还可以将有争议的地方进行对照后予以更正。

几年来，通过细致的验证考察，郦道元把大量失传的资料进行梳理分类，重新排序，然后开始著书立说。他所撰写的《水经注》，内容丰富，资料翔实，牵涉到的地域非常广阔：北起阴山，南达汉水和淮水，西至华山，东到齐鲁半岛。在这些广袤的地区，有他亲自调查、考察累积起来的笔记，也有从前人文献中整理出来的论证。另外，还有一些南方的地域资料，都是采用当地前辈口述后的记载，经过对文章的审校勘误，依次按章节整理而成。

这部《水经注》倾注了郦道元毕生的心血。全书共计四十卷，约三十万字，记述了大小河道共计一千二百五十二条。讲述了各条河流的发源地和形成的各个支流与流向，记载了各个流域的自然地貌和经济发展状况，以及火山的形成、温泉地带的产生。同时，还记载了大量农田水利建设工程的原始资料，以及城郭、土产、人们的风俗习惯等。

在此期间，郦道元还创作了一篇名为《三峡》的山水散文，文中记述了长江三峡雄伟险峻，幽深秀丽，向世人展现出四季中三峡不同特色的旖旎风光，如同一幅幅呼之欲出的水墨画卷，跃然纸上。在此略举一例：

在三峡七百里间，重峦叠嶂，悬崖峭壁遮住了天空中的太阳。只有正午才能洒下温暖的阳光；而到了夜半时分，一轮明月方露出云端……

全文结构严谨、布局巧妙、明快清新、情景交融，犹如一条流动着的百里画廊，令人流连忘返。

由于《水经注》在中国科学文化发展史上具有特殊的价值，对后世产生了深远的影响。历代学者们对它的内容表述十分重视，陆续进行了专门研究，形成了一门学问——郦学。

《水经注》不仅是一部具有珍贵科学价值的地理巨著，也是一部独具特色的山水游记，享有地理文学著作的美誉。郦道元以饱满的热情、清新的叙述、干练的文笔、精美的语言，形象生动地描述了祖国的锦绣山河，文中充满了对祖国大地的热爱与赞美。郦道元除著有《水经注》外，还写有《本志》十三篇以及《七聘》等著作，由于战乱纷繁、朝代更迭，至今流传下来的只有这部享誉中外的《水经注》。

第三十八章 北魏分裂

北魏孝文帝迁都洛阳以后，宣布了几项改革令后，放着太平日子不过，非要去攻打南齐。结果先后两次发动进攻，都没能把南齐拿下来，反而大大激怒了南齐的广大军民。公元499年，南齐派大军攻打北魏，以雪前耻。当时魏孝文帝的身体已经很虚弱，带着病率军抵抗，虽然打退了南齐兵，但却导致自己病情加重，没过多久就病死了，年仅三十三岁。失去了主心骨的北魏，开始走向了衰落。

孝文帝死后，先后继位的两个皇帝，不是混日子的昏君就是乳臭未干的孩童。而鲜卑的皇室贵族们，也没有遵循当年孝文帝的改革纲领，去学习浩瀚的中原文化，反而很快学会了汉族士族那些吃喝玩乐、显摆阔气的毛病，形成了一股一味追求奢侈、相互攀比豪华的风气。就连将军们也卸下盔甲，各自追求起享乐来了。可是钱财从哪儿来呢？还是老办法，强行向百姓征缴各种苛捐杂税，变本加厉地搜刮民脂民膏。老百姓实在忍无可忍，终于爆发了起义。

523年，北方六镇士兵和各族人民爆发了起义。那时，有个出身于兵户之家，名叫高欢（496—547年）的人，后来成为东魏权臣，北齐王朝的奠基人。因他祖父高谧曾经犯了法，为此全家从渤海移居到怀朔镇（今内蒙古自治区固阳县西南），成为鲜卑化汉人。高欢早年参加过以杜洛周为首的河北农民起义军，后来又归顺了势力较大的河北义军首领葛荣。

528年二月，葛荣把各路起义的民众统编在一起，大约有三十万人，号称百万大军，南下围攻邺城，接着打算攻下洛阳，一举推翻北魏朝廷。此时北魏的政权已经落入了权臣尔朱荣的手里。尔朱氏家族历代都是北魏将领，又一直沿任北秀容（今山西省朔州市北）民众的酋长，被封爵为梁郡公。到了北魏孝明帝时，世袭制延续到了尔朱荣的身上。

尔朱荣听说邺城被围，立即亲率八千骑兵，日夜兼程，直扑河北。葛荣听说尔朱荣带了这么一点儿人马，根本就没当回事儿。尔朱荣先派兵埋伏于山谷间，等到葛荣的兵马一进入埋伏圈，数千名精骑立刻三一群五一队，突然发动攻击。他们左冲右撞地挥舞着大棒，将葛荣的三十万大军一下子打散了。

接着尔朱荣回过头来，集中所有精骑杀向葛荣的主力中军。起

两晋南北朝故事

义军人数虽多，可大多是庄稼汉，完全不懂什么战术，结果在对方骑兵的猛烈攻击下全线崩溃，葛荣本人也在伏击中被杀害了。

起义军失败后，高欢侥幸捡了条命。他看到尔朱荣的势力强大，就赶紧投靠了他。由于高欢善于变化，用在打仗上，虽谈不上战功赫赫，倒也不怎么吃亏。为此，尔朱荣很欣赏他，并委以重任。不久，高欢晋升为大将，还拥有了自己的兵马。

北魏利用尔朱荣镇压了葛荣的起义军，按说可以松口气儿了，没想到宫廷内部又开始了争权夺利。在孝明帝及皇太后、尔朱荣等几方势力的一场互相残杀的混战中，尽管尔朱荣权倾朝野，却也没能幸免于死，被后来的魏孝庄帝设计杀了。高欢一看，立即归附了尔朱荣的侄子、掌控着北魏政权的尔朱兆麾下。

尔朱兆一方面倚仗着高欢给他当将军打仗，一方面又忌惮高欢的势力过大，将来会对自己不利，于是对他总是存有戒心。高欢心里也不踏实。他看不惯尔朱氏家族随意杀人，干预朝政，就想脱离尔朱兆，自个儿单干，伺机扩大实力，然后创建大业。

这时他的机会来了。约有二十万参加过葛荣起义军的流民，无家可归，沿途流落到了并州（今山西省太原市）一带。这些流民生活窘迫，长期受官府欺压，只要听到哪里有反抗官府的风声，他们就会积极响应。平时尔朱兆一提起这些流民，就头疼得很。有一天，高欢被叫到尔朱兆府中，见尔朱兆唉声叹气地独自在喝闷酒，就问道："大将军为何长吁短叹？"

尔朱兆没好气地说："你有所不知，六镇反贼虽被消灭，但残余势力还在，草寇们恶习难改，经常窜入市井为非作歹，这如何是好？"

高欢低头想了想，说："依我看，光靠杀人不是办法，越杀就越会激起民愤。还是派个能干的亲信去管理他们，给他们吃喝，让他们干活儿，管住他们不闹事就行。万一出了事，就拿领头的人问罪。"

尔朱兆觉得这个主意不错，就说："好是好，可那么多流民不好管，能让谁来统领呢？"

这话被走进来的高欢下属贺拔允听到了。贺拔允伸了一下脖子，一个劲儿讨好高欢说："高公不就是最好的人选嘛！"他说完心里正得意，没想到马屁拍错了地方。

高欢听了正中下怀，可绝不能显露出来，为了向主子表忠心，突然把脸一沉，对贺拔允大声说："你瞎掺和什么？咱们不过是大将军的鹰犬。统领流民这么大的事，只有大将军才能做主，哪儿有你说话的份儿！"

贺拔允一脸委屈，刚辩白了几句，高欢马上站起来，继续对尔朱兆表示效忠："贺拔允目无首领，擅自越位，罪该万死，请大将军处置！"说着他一咬牙，猛地抡起拳头朝贺拔允的面门打去。砰的一声，正打在贺拔允的嘴上，顿时打得贺拔允满口鲜血。

贺拔允莫名其妙地挨了一记猛拳，吃了个十足的哑巴亏，紧捂着嘴立刻闪到一边，再也不敢出声。尔朱兆见高欢挥拳动怒，觉得挺过意不去，嗔怪地说："你何必动这么大的气呢？这可是冤枉人家了，其实我也是这么想的。我看这件事就交给你去办吧！"

高欢听了暗喜，心想，你哪知道这是咱演的一出苦肉计呢。

接着他双袖一甩，马上做出诚惶诚恐的样子连声称诺，伏地拜谢，就这么轻而易举地达到了他的预期目的。再看他的下属贺拔允，算是白挨了一记重拳，只好自认倒霉。高欢担心尔朱兆酒醒生疑，天一亮没准儿再变了卦，就连夜率兵离开了。

高欢一到并州，立即把流民集合起来，按照军队的方式划分编队。他曾参加过葛荣的起义军，很懂得大伙儿的心思，没事儿就跟流民们凑在一起，嘘寒问暖地做一番铺垫，不到数天工夫，就和这些流民都混熟了。流民们一看这个官还不错，什么事儿都挺替他们着想，就开始真心实意地拥护他。于是高欢的势力就这么一天天壮大起来。

从这以后，高欢的翅膀越来越硬了。他不仅收纳了六镇流民二十余万，陆续整编组成军队，而且从中吸纳、提拔了不少能臣猛将，其中包括曾在伏击战中俘虏了起义军首领葛荣的战将侯景。

高欢立业心切，见时机已经成熟，就宣布起兵，跟尔朱兆公开叫板。尔朱兆得知后，直后悔当初酒后偏信了高欢，不禁暗自感叹道：昔日纵虎归山坳，今朝率狼卷土来。

532年三月，尔朱兆率二十万大军进攻高欢。高欢早有准备，继续使出看家本领，诱敌深入，以少胜多重创了尔朱兆的军队。接着，他率军乘胜攻占了岌岌可危的魏都洛阳，成为实际控制北魏朝政的权臣。同年七月，高欢攻克晋阳，彻底铲除了尔朱氏家族的势力。534年，北魏孝武帝不甘心成为高欢的傀儡，逃到了长安，去寻求原任尔朱荣的大将的宇文泰的庇护。高欢另立魏孝静帝，从洛阳迁都到了邺城。

535年，宇文泰终究觉得孝武帝在身边碍手碍脚，于是杀了他，另立南阳王元宝炬为文帝。从那时起，北魏就分裂成两个朝廷，建都在长安的叫西魏，建都在邺城的叫东魏。虽说形成了东西对峙的局面，但实际上东魏的总体实力要比西魏强。

第三十九章 建立北齐

北魏分裂为东魏、西魏两个政权以后，中国再次回到三足鼎立的局面。南朝的齐、梁历来防范着北魏，从来就没和它交好过。现在中国分化成东魏、西魏、萧梁，三方相互都成了死敌，谁都想找机会吞并另外两方，其中东魏和西魏之间更是水火不相容，彼此交战频繁，都妄图吞掉对方，统一北方。尽管双方实力存在强弱之差，可一时谁也灭不了谁。

公元546年十月，在高欢执掌东魏朝权时期，东魏和西魏爆发了一次大规模的战役，史称玉壁（今山西省稷山县西南）之战。已经五十多岁的高欢率十万大军，围攻西魏位于汾河下游的重要据点玉壁城，目的是要打开西进的道路。面对玉壁城中的几千兵士，高欢信心满满，命大军一刻不停地昼夜攻城。

西魏玉壁城守将韦孝宽凭借地理优势，居高临下，奋力防守。结果高欢率军苦攻玉壁城五十多天，战死病死的士兵高达七万多人。久攻不下的高欢百思不得其解，郁闷得茶饭不思，结果患上重病，一卧不起。众将士只好带着他撤军。回到邺城后，他就一直病病歪歪的，再也上不了朝了。

高欢的长子高澄（521—549年），字子惠，接任大丞相后，开拉了高家四兄弟"兄终弟及"依次主政的序幕。高澄自幼聪明过人，深得高欢喜爱。二十岁的时候，风华正茂的他已显出遇事冷静、善于思辨的能力。于是，高欢派他前往邺城辅助皇帝处理朝中事务，后被孝静帝任命为尚书令兼领军、京畿大都督。高澄虽然年纪轻轻，做起事来却雷厉风行，给朝政带来了一股清新之气。

当时东魏邺城的政事，主要由咸阳郡公孙腾、南阳王司马子如、大都督高岳、右仆射高隆之这些大臣负责管理，被人们称为"四贵"。这些人仗着位高权重，有恃无恐，在邺城内更是专横跋扈、肆意妄为。

高澄到了邺城后，立即对"四贵"采取了严厉的整治。没几天，朝中对他执法严厉、处事果断大为震惊。不过高欢的同僚孙腾可不买账，根本就没把这个年轻的小伙子放在眼里，更不要说执行他的政令了。他照样我行我素，目中无人。高澄心想，得给这个老家伙来个下马威，于是把脸一沉，马上呵斥左右把这位豪横的大叔拉出庭外，在他身边围上一圈"刀环"。面对寒光凛凛的刀锋，孙腾吓得脸色煞白，一动不敢动，由此狠挫了一下他的嚣张气焰。

还有一次，司马子如大肆受贿。高澄命属下人把他押入大牢，吓唬他，说他犯了死罪，要听候行刑，吓得他一晚上就白了头。对此，他老爹高欢得意地对同僚们说："儿子大了，又是当朝命官，只要他处事公道，赏罚分明，我就得给他面子，总不能横加干涉吧？再说我这张老脸也不管用啊。"

高欢死后，东魏司徒侯景听到消息，率部下在河南造反。高澄命将军韩轨率部讨伐。战事安排妥当后，他才赶回晋阳为父亲发丧。由于高澄事先与众将运筹帷幄，一番排兵布阵，将侯景打得仓皇而逃。接着高澄亲自带兵深入敌后，生擒了西魏名将王思政，乘胜攻取了江淮以北二十三州土地。由于功劳显赫，549年四月，孝静帝加封高澄为相国、齐王，权势在一人之下，万人之上，高澄一下子变成了权倾朝野的人。

然而，高澄并不满足，他一直认为皇帝的宝座应该是他高家人的，当初他父亲就是为了顾全大局，不然怎么会轮到十一岁的元善见（孝文帝元宏的曾孙）即位呢？为此，他根本就没把孝静帝放在眼里。为了控制少帝，高澄专门安置了自己的亲信崔季舒作为黄门侍郎，负责监视皇上的一举一动，并随时向自己报告。

549年八月八日，高澄再次来到邺城，邀请同党散骑常侍陈元康、吏部尚书兼侍中杨愔（yīn）、黄门侍郎崔季舒三人在北城东柏堂住所聚集，密谋篡夺皇位的计划，拟定新朝百官人选。因怕走漏风声，他把身边的侍卫都打发得远远的，不料隔墙有耳，这就给一直想刺杀他的人提供了机会。

想杀他的人叫兰京，是南朝梁王的大将兰钦的儿子，曾在南

两晋南北朝故事

北双方交战时被鲜卑人俘虏。因鲜卑士兵也被南朝梁军队杀掉不少，鲜卑军人就拿兰京出气，劈头盖脸地揍了他一顿。然后他被安排到高澄府中的厨房里，在后厨当了个干杂役的下人。兰京被打得鼻青脸肿，浑身是伤，为了活命，只好每天忍气吞声地干着又脏又累的苦活儿。

在此期间，兰钦曾多次派人携重金要赎回儿子，高澄就是不放人。为此，旧恨新仇使得兰京要发疯，就等着有一天能够报仇雪恨。他很快和几个同病相怜的厨子成了铁哥们儿，密谋找机会报仇。如今仇人就在隔壁，机会终于来了。

事发当晚，兰京率先端着食盘走进屋里。高澄他们正在密谋，一见兰京推门进来，立刻吼道："我又没叫你送吃的，谁让你进来的？"

兰京低头不语，继续呈上盘子，等到了跟前，突然抽出藏在盘下的尖刀，迎面向高澄刺去，厉声喝道："我来杀你！"话音刚落，从门外冲进来四五个厨子，手提尖刀，直扑过来。高澄见状拔腿想逃，偏偏崴了脚，只好慌忙钻入床下。陈元康一见是几个厨子，起身想把他们喝住，结果被刺成重伤，当夜死去。杨愔一看不妙，抱头拼命逃了出去。崔季舒急忙闪身躲进厕所，吓得大气不敢喘。兰京一伙不见了仇人，立即掀开大床，几人一拥而上，刺死了高澄，而这时的高澄才二十九岁。

高澄的弟弟高洋（529—559年）时任京畿大都督。高澄死后，他马上宣布全城戒严，逮捕凶犯。高洋一来要为哥哥报仇，刻不容缓；二来这密谋篡位的事要是捅到了皇上那儿，一定会招来满门抄斩的灾祸，必须尽快灭口。于是，他派人全城搜捕兰京等人。这几人被追捕得无处藏身，终于落网，立刻被高洋逐一斩首。

高洋年少时其貌不扬，沉默寡言，也有人说他身在瞬息万变的政治斗争中，为了保护自己，故意装傻充愣，以免招惹是非，因此他总是给旁人造成一种柔弱怯懦的印象，更看不出他有什么过人之处。其实，高洋内心明白得很，只有韬光养晦（成语，比喻隐藏才能，不使外露）、积蓄力量，日后才能成大事。为此他经常表现出大智若愚、不露锋芒的性情。

高欢在世时，为了试探几个儿子的智力，在每人面前扔了一团无法解开的乱丝线，观察儿子们的反应。其他人都手忙脚乱地开始试着把丝线解开，只有高洋抽刀把线斩断，口里还狠狠地说："治乱须斩杀！"高欢见了先是一怔，接着又一阵欣慰，暗忖：想不到我儿竟有如此气魄！将来必成大器！于是，他宣布高洋获胜，并予以奖赏。

高洋继承了哥哥大将军的职位，被孝静帝封为丞相、齐王，继续执掌朝政。他不甘心继续当这个傀儡皇帝的大臣，于550年五月十日，在邺城南郊登基称帝，国号为齐，改元"天保"，大赦天下，成为北齐的开国皇帝。第二天，元善见被封为"中山王"，这个苟活在高欢、高澄、高洋三代权臣阴影下的东魏孝静帝，做了十七年的傀儡皇帝后，黯然退位。

文宣帝高洋在位初期，励精图治，厉行改革，劝农兴学。其间，重用杨愔等相才，通过削减州郡的编制，节省了大量的经费开支，并通过整顿吏治来提高政绩；同时训练军队，加强边境布防。这一系列举措，使北齐在较短的时间内强盛起来。

等到国富兵强以后，高洋开始快刀斩乱麻，率兵大举进攻周边的柔然、契丹、高句丽等国。由于兵强马壮，粮草充盈，对这些小国采取了各个击破的战术，终于大获全胜。同时，不断发展生产，使北齐的农业、盐业、铁业、瓷器制造业都达到了相当发达的程度。这时候，北齐与南朝梁、北朝西魏又形成了三足鼎立的态势，其中北齐是最富庶的。

可是好日子没过多久，高洋即位五年后，他的意志开始松懈，厌烦了上朝理政，逐渐从勤勉走向了荒淫暴虐，于559年因饮酒过度而暴毙，卒年三十一岁。

第四十章 "皇帝菩萨"

南齐王朝的几个皇帝，到头来都是麻绳提豆腐的料儿，个个提不起来。由于昏庸无道，到了南齐末年，即公元500年，南齐的权臣萧衍再也看不下去了，就联合一批对朝廷不满的大臣起兵反齐，于是宫廷开始大乱。

萧宝融是齐明帝萧鸾的第八子，就是后来的齐和帝。都城建康发生大乱后，当时是藩王萧宝融率领自己的部下，以平定叛乱的名义进军建康。当攻入建康后，南朝齐权臣萧衍等官员一致拥戴他为皇帝。萧宝融登基后，为了笼络人心，大赦天下，并规定建康城中的鳏夫（指无妻或丧妻的男子；鳏 guān）寡妇、孤独无助的百姓都可以得到五斗谷米，还赦免了一批参与反叛的将官和士兵。这一举动，让天下人无不称赞萧宝融的仁德。

此时，周边还有不少叛乱分子时常进行骚扰。为了平叛，齐和帝萧宝融拜萧衍为大将军，让他领兵四处征讨。萧衍先是在西部攻打豫州刺史陈伯之，派人说降后又争取了对方归顺。在平定叛乱的过程中，萧衍在士兵的心目中逐步树立了威信，无形中为萧衍以后夺取帝位奠定了基础。

由于萧衍战功赫赫，很快被升任为大司马，掌管军政大权，享有皇帝赐给他的特殊待遇，拥有剑履上殿（成语，佩着剑、踏着靴上殿）的特权。不仅如此，还可以入朝不趋，赞拜不名（成语，在朝廷上疾步行走，赞礼官对他不可直呼姓名，只能尊称官职）。

大权在握的萧衍，一心想做皇帝，不过他并没有急于求成，而是静待时机。他的一位好友叫沈约，得知萧衍想称帝的心思，就在两人会面时向他提起此事。萧衍听了装糊涂，三言两语就推辞了。当沈约第二次提起时，萧衍含糊地说了句"让我想想再说吧"。

后来，沈约将此事告知了范缜的堂弟范云，两人都同意拥立萧衍做皇帝。萧衍听了心里才算踏实，就没再推脱。于是，范云和沈约写信给齐和帝的中领军夏侯详，要他迫使齐和帝禅让皇位给萧衍。同时，萧衍在荆州当刺史的弟弟也来帮忙，让手下人传播民谣"行中水，为天子"，"衍"字拆开就是"行中水"，意指萧衍才是替天行道的真命天子，为他称帝大造舆论。

等接到齐和帝的禅让诏书后，萧衍生怕事后别人指责他图谋不轨，阴谋篡位，于是假装谦让起来。这时范云带领众臣一百多人，再次上书劝进，请求萧衍早日登基称帝。太史令也从旁陈述起天文符谶（泛指各种预言未来的神秘文书；谶chèn，迷信的人，指将来要应验的预言、预兆），再度证明他称帝将合乎天意。

萧衍一看到了这个火候，也就不再客气了。502年，他正式在都城的南郊祭告天地，登坛接受百官跪拜朝贺，建立了梁朝，自称梁武帝。

萧衍在南齐当权臣的时候，经常参加宗亲竟陵王萧子良在西邸举行的宴会，席间他认识了一些讲述禅理的高僧。起初，在这些高僧的影响下，他感到诚惶诚恐；久而久之，他成了一名虔诚的佛教徒。尤其是登基称帝一事，他认为这是信佛带来的好处，于是就更加敬佛了。

即位不久，他决定按佛教的规矩办事，每天只吃素食，不沾荤腥，并规定一概不许杀生。连祭祀和举办宴会的时候，他也命厨子只上素菜，不准端肉摆鱼。他遵循过午不食，每天中午只吃一顿粗米饭和一些时令蔬菜。此外，他只穿布衣裳，绝不穿丝绸做的衣服。

萧衍既然信了佛，就广积功德、笃修来世。他下令大力修建寺庙，供养僧侣。当时仅在建康城，就花费了大量的人力物力，修建了五百多处寺庙，加上塑造佛像、请僧人讲经说法、烧香拜佛、举办大大小小消灾祈福等佛事，花的钱就海了去了。

人们都说梁武帝萧衍是一个虔诚的佛教徒，可曾经因为他的命令，却害死了一名高僧。这是怎么回事呢？原来在梁武帝年岁大些的时候，对一个叫榼头师（榼kē）的和尚产生了兴趣。一天，梁武帝下敕(指皇帝的诏令；敕chì)，召榼头师入宫研讨佛法，接着就继续和别人下棋。

当榼头师风尘仆仆，随左右侍从入宫的时候，梁武帝正好举棋照着对方的棋子喊了声："杀掉！"左右侍从一愣，以为梁武帝把和尚召来是为了要杀掉他。皇命在上，哪敢违抗？于是他们不由分说，将榼头师推出宫外斩首。等梁武帝下完棋，要召见榼头师时，左右侍从吓得连忙跪下，异口同声地说："启禀皇上，奴才已奉旨将此人杀掉了。"

梁武帝听了直纳闷儿，自己什么时候下旨要杀榼头师了？当听完侍从的解释后，梁武帝才后悔不已，连呼："罪过呀，罪过！朕罪难赎啊！"

这以后，梁武帝一想起榼头师，就吃不下，睡不着，一心想着要赎罪，整日纠结不已。天长日久，他竟然生出了要出家当和尚的念头。

527年，梁武帝决心已定，就下令在皇宫旁边修建了同泰寺，为了方便进出，在寺庙后墙开了一个侧门，只要从皇宫跨出几步就可以进入寺内。萧衍常常带上文武百官去寺中举行法会，自己还模仿起榼头师当初的样子，敲着木鱼儿，升堂讲经，一讲就是好几天。

小和尚们年纪轻，听不太懂天子的话，又不敢怠慢，时常对端坐在蒲团上的出家皇帝一拜不起，谁也搞不清他们拜的是佛菩萨还是皇上。

于是，梁武帝心安理得地在同泰寺做起了和尚。这下可好，宫里头没了主子，朝臣们都跟丢了魂儿似的，几天来闹得人心惶惶。

梁武帝刚做了四天和尚，宫里的人就急了眼，打开后门好说歹说把他接回去了。萧衍回宫里一想，觉得自己有违佛道，因历来出家当和尚，还俗是要向寺院交一笔"赎身"钱的。虽然自己是皇帝，也不能破了寺院的规矩，不然这几天辛辛苦苦修来的功德岂不是功亏一篑（成语，比喻一件事只差最后一点未能完成；篑 kuì）了吗？于是他常为此事纠结。

还俗两年后，梁武帝觉得在宫里头闷着实在憋屈，还是在庙里的蒲团上坐着才自在，于是瞅准了一年中最盛大的法会，再次舍身同泰寺，身披袈裟，亲自主持大法会。

这一次，他索性吃住在寺内，不回宫了。这一来，又急坏了众朝臣。他们到同泰寺里劝梁武帝："天子以社稷为重，恭请圣上还是回宫掌朝吧。"他们劝了许多次，结果全都白费了工夫。

末了，梁武帝振振有词地宣称："朕已是同泰寺的人了，要想让朕回宫，须积大德、行大善才行。"大臣们揣摩了半天，才明白他的意思，赶紧凑了一万万钱，总算给这位皇帝"赎了身"。

没多久，梁武帝觉得自己已经功德圆满，就想出个新花样来。在他第三次出宫前，神圣地向众人宣告：自己的灵魂已经出离尘世，离佛界净土很近了，为了表示对佛的虔诚，只舍自己的身子怕是不够，必须要把宫里人和全国的土地都舍上。舍得多，心才诚；赎钱越多，离佛国越近。大臣们听了都没好气，心想：当今皇上十有八九是疯了。

过了一个月，宫里的御座一直空着。大臣们只好挖国库，凑足了两万万钱，又去把这位"皇帝菩萨"赎了回来。梁武帝在宫

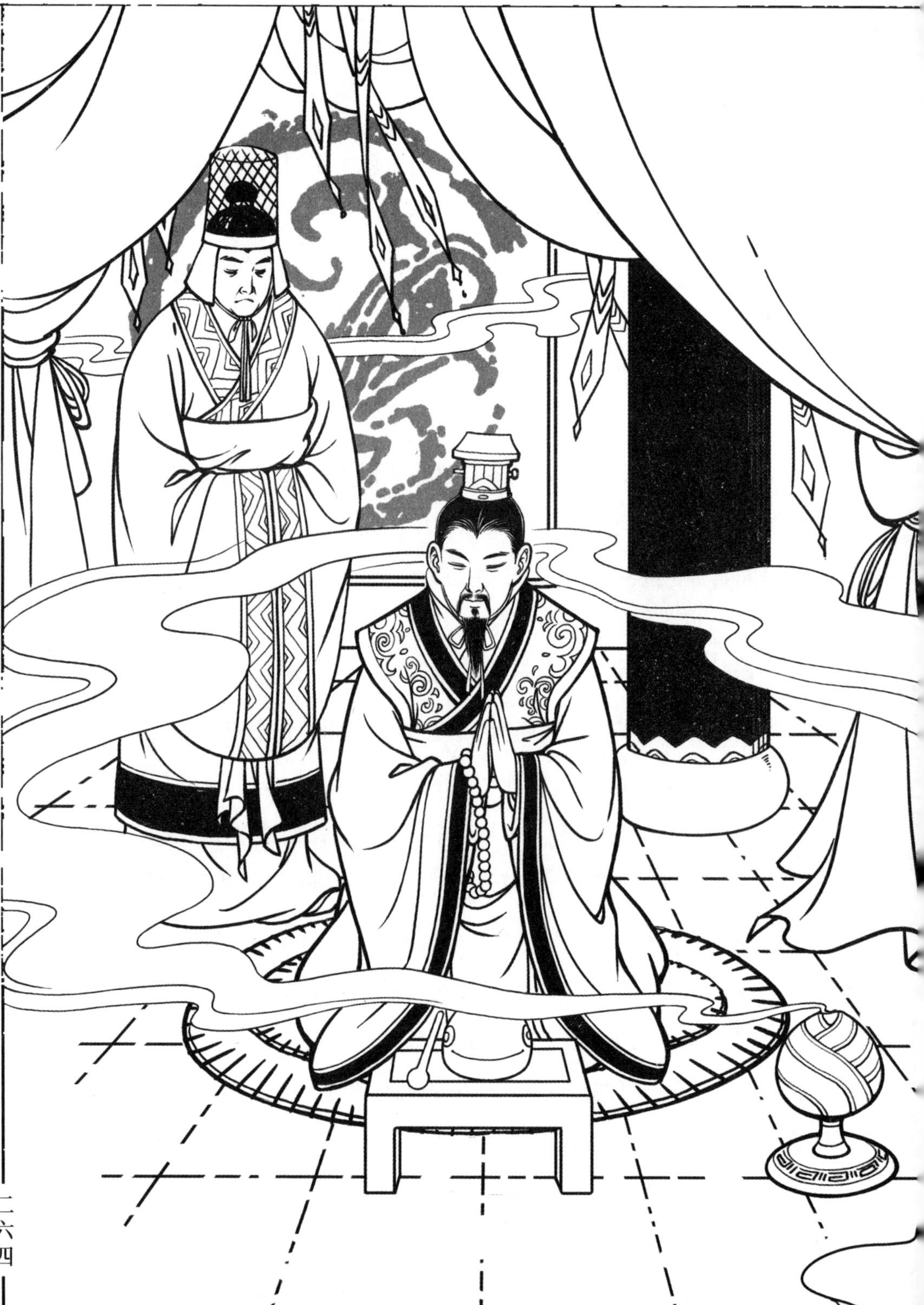

里闲待了一年，末了实在闷得慌，还想着玩儿出家的戏路，结果瘾一上来又从后门溜了。大臣们已经习惯了朝拜，一旦御座上没了皇帝，一个个都找不着北了，只好接着往寺庙捐钱。这回众臣把家底儿快掏空了，总算又凑了一万万钱把他赎了回来。

梁武帝就跟玩走马灯似的，歇一阵子玩儿一阵子，前出后入地做了四回和尚，自诩已快修成菩萨了。大臣们为了赎他回宫，一共花掉了国库四万万钱。这笔巨款从哪儿来呢？只能转嫁到老百姓身上，通过强征赋税、敲骨吸髓，再多刮几层皮。

第四十一章 侯景之乱

晚年的梁武帝反复出家来积他的功德,闹得数年来国无宁日。不久,一个野心勃勃的叛贼闻风而来,渐渐靠近了他,利用他的昏庸无能,给南梁酿成了大祸。

547年的一天晚上,梁武帝做了一个梦,梦见北朝中原的各个州郡官员纷纷献地来降,朝廷里一派欣欣向荣的景象。第二天上朝,他就把这个梦告诉了众臣,末了说:"朕一直很少做梦,这个梦就像朕刚从里面走出来,你们说,是不是个好兆头啊?"

朝廷里有个中书舍人(始于魏晋,掌管宣诏传令的官)叫朱异,时刻惦记着拍皇上的马屁,听完立刻上前奉承说:"恭喜陛下,微臣以为,此梦非天意莫属，乃是四海一统的吉兆啊！"梁武帝一听，非常高兴。

这一年，东魏权臣高欢经历了玉壁之战，因城池久攻不下，郁郁寡欢，病入膏肓。临死前见儿子高澄在榻前十分忧虑，就问道："看你忧心忡忡的样子，好像不全是为我的病，恐怕是担心侯景吧？"

高澄点了点头。高欢又说："侯景独霸河南已有十四年之久，常有人状告他飞扬跋扈、不可一世。我虽然能够把握住他，但是你恐怕难以驾驭。如今能敌过侯景的，只有慕容绍宗。我一直不提拔慕容绍宗，就是为了给你做帮手，用他去对付侯景。"说完这些话，高欢就去世了。

高澄琢磨了一番父亲临终的话，就以高欢的名义写信召侯景回邺城，想夺回他的兵权，一了百了。但他却不知他们通信中应有的一个细节：侯景曾与高欢约定，凡是高欢给他的亲笔书信，都要在信纸的边角上加一个小点作为标记。如今侯景见信上没有标记，断定是假信，又听说高欢病危，料到其中有诈，就不服从调遣，在原地拥兵自固（成语，拥有掌握军队的权力，以巩固自己的地位）。

高澄不见侯景的影子，心想这真是个猴精的家伙，就是不上套。寻思了一阵，他认为侯景不服调遣，目无朝廷，还一味地扩充势力，这还了得？于是干脆派大军围剿。侯景眼看形势紧迫，一琢磨，就把他在河南掌控的十三个州的领地作为资本，投降了西魏。

西魏的权臣宇文泰深知侯景来的目的，不就是迫于东魏要收回他的军权吗？此番投靠自己，不过是他的权宜之计，为此并不肯真心接纳他，可又想得到他手里的十三个州，就征召侯景入朝，答应给他一个高官。侯景见对方只不过给他个没有实权的闲散官位，目的也是要削他的军权，就一直不肯入朝。可是高澄的围剿迫在眉睫，于是他赶忙投降了南朝的梁武帝。

侯景派丁和到建康，声称自己与东魏高澄有怨，与西魏又打过仗，因此愿意投降南梁。梁武帝一听，就想起他做过的美梦来了，这会儿一定是梦想成真，忍不住一阵高兴。可他心里头又有点儿含糊，一时拿不定主意，就问大臣们："我们现在的日子过得挺太平，忽然来了个降将侯景献地，万一有个什么差错，后悔可就来不及了。真不知到底是凶还是吉？"

这时，那个朱异马上揣摩出梁武帝的心思，满嘴抹了蜜似的恭维起来："以陛下的圣明，天下都会来归顺天子。现在侯景来降，正是顺应天意。如果拒绝他的话，就会断了其他人归顺的心愿，还请陛下珍惜这个机会。"

梁武帝听了这话，别提多高兴了，马上接受了侯景的归降，下诏把侯景封为大将军、河南王。为了表示诚意，派他的侄儿萧渊明带兵五万去接应侯景。萧渊明不懂军事，稀里糊涂地带着队伍，一路松松散散的好像去迎亲，结果被高澄派来的慕容绍宗的军队围在寒山。由于梁军毫无思想准备，又多年没打仗，结果跟东魏一交锋，几乎全军覆灭。萧渊明还没弄明白是谁打的他们，就被俘虏了。慕容绍宗又率军进攻叛军侯景。侯景大败，只剩下八百余人逃到南梁境内的寿阳。

东魏得胜以后，为了离间梁朝与侯景的关系，就让萧渊明写信给梁武帝，说东魏愿意以俘虏萧渊明换回叛贼侯景。不料梁武帝那封同意交换的复信，被侯景派出盯梢的部下半路截获。侯景看完信对手下说："我早就料到这个梁皇老儿是个薄心肠！"

侯景的心腹王伟劝他说："如今我们被逼无奈，坐等是死，造反也是死，现在我们只能自谋生路了。"侯景听了不甘心，准备再度叛乱。他得知梁武帝的另一个侄子萧正德对立太子一事心怀不满，一直耿耿于怀，于是派人与萧正德联系，表明当朝腐败无能，愿意拥他为帝。萧正德听了正中下怀，马上同意做内应。

侯景虽被东魏打得走投无路，可对付颓败的南梁，就不在话下了。548年九月，侯景起兵叛乱，他的人马很快打到了长江北岸。梁武帝不知萧正德已与侯景勾结反叛，还委派萧正德以长江为天险，在南岸布防抵抗。萧正德眼看自己的皇帝梦要成真了，于是卖力地做起了内应，秘密派了几十艘大船，协助侯景的叛军渡过长江，再亲自带领叛军渡过秦淮河进入建康，把梁武帝居住的台城围了个水泄不通。

在这危难时刻，梁武帝急忙问众臣："大敌当前，如何能够退兵？"有个大臣回答说："当初是陛下接受侯景投降，大家都没话可说。如今他转眼又成了叛贼，这还得陛下拿主意。"梁武帝一听直发怵，完全没了主意，真想一头钻回同泰寺里，继续享受他那"两耳不闻天下事，一心静坐蒲团中"的逍遥日子，那该有多好呀。

侯景用尽各种办法攻打台城。台城里的军民进行了顽强的抵抗。刚被围困的时候，城内还有百姓十几万人，兵士两万多。可

故事里的中国历史

是到了后来，每天都有战死、病死和饿死的，剩下的已不足四千人。双方相持了一百三十多天，最终城池被攻陷了。萧衍还没来得及往庙里溜，就做了俘虏。

侯景攻陷台城后，开始春风得意起来，自封为大都督，掌握了朝廷军政大权。他首先杀了那个一心想做皇帝的萧正德，又把梁武帝软禁起来，每天只给他一点儿剩饭剩菜。梁武帝饿得要命，再也想不起那个美梦来了。最后，他饿得骨瘦如柴，缩成一团断了气。

梁武帝死后，侯景又先后立了两个梁朝皇帝给他当傀儡。等他脚跟完全站稳了，就在551年自立为皇帝，国号汉。

侯景登上帝位，没干一件好事，反而到处屠杀掠夺，荒淫无度，给当地人民带来了深重的灾难。老百姓对侯景恨得咬牙切齿。第二年，梁湘东王萧绎在肃清了其他宗室的纷争后，派大都督王僧辩领军讨伐兴兵作乱的叛贼侯景，这时局面才开始扭转。

驻守岭南的梁朝大将陈霸先，迅速北上与王僧辩会师，于552年大败侯景，收复了首都建康。侯景慌忙带上随从乘小船出逃，不料刚跑了没多久，就被他曾经羞辱过的属下给算计了，干净利索地取下了他的首级。剩下的随从也就不用再逃了，倒是可以随时去投诚，毕竟杀了叛贼还有赏呢。

侯景之乱后，江南地区的社会经济遭到毁灭性的破坏，加剧了南弱北强的态势。南梁朝士族们在这次战乱的动荡中，内部四分五裂，到了不堪一击的地步，充分暴露了宫廷上下的腐朽无能，从而大大加速了南朝士族的衰亡。这时，出身江南寒士的陈霸先趁势崛起，在南梁战乱后的第五年取代了梁朝，建立了陈朝，即是陈武帝。

北朝的东魏和西魏，尤其是西魏，利用战乱的机会吞并了大片的南朝土地，国力日益强大起来。

第四十二章 舍子守城

当初侯景走投无路,前来投靠南朝萧梁,梁武帝正期待能圆了自己的美梦,就派侄儿萧渊明率军前往接应。萧渊明虽是个完全不懂军事的纨绔子弟,但他手下却有一员文武双全的大将叫羊侃。当初萧渊明若是能听从羊侃的建议,也不会落得兵败被俘的下场。羊侃曾向他提出侦察在先、兵分几路的建议,可萧渊明偏偏是一个刚愎自用的公子哥,根本没把他的建议当回事儿。

为此,羊侃果断率领自己的部队离开大营,在十里外的偏僻处安营扎寨。这样,一旦大营主力受挫,他们还可以保存实力安全撤走,不致满盘皆输。后来战事的发展,果然不出羊侃所料。由于萧渊明的昏庸与固执,最终白白葬送了数万将士的性命。幸好羊侃率部提前撤出了敌人的包围圈，才没受到损失。

羊侃（496—549年），字祖忻，出身于汉代以来的名门望族泰山羊氏。北魏太武帝南伐时，羊侃的祖父羊规被迫投降了北魏，被封为钜平子，成了北魏的刺史，食邑六百户。羊侃从小在北魏长大，身材十分魁梧，高七尺八寸，臂力过人。他能用足足有一百斤的强弓，即使骑在马上也能用二十斤重的硬弓。出自贵族家庭的他，有着不俗的文化素养。他平日不但喜欢阅读文史书籍，还坚持舞刀弄剑、习练武功。不久，英雄出少年的名声就传开了。

他的大名传到了北魏皇帝那里。人们都说他力大无穷，太武帝想见识一下，于是就召他进殿，对他说："听说你力大无比，就像一只老虎。我倒要看看，你会不会是一只披着虎皮的羊？"

羊侃一听，就知道太武帝要考考他，于是呼地伏在地上，仿佛猛虎一般，双手紧紧扣住殿上的木台阶，暗暗用了内功，只听咔嚓一声，手指竟然深深插进木头里。太武帝见了十分惊喜，当场赏赐给他一柄镶嵌着珍珠的宝剑。

后来，羊侃在平叛过程中立了大功，陆续被敕封为征东大将军、东道行台，领泰山太守，进爵钜平侯。泰山是羊氏的故乡，太武帝很想利用羊氏在泰山的威望，来协助自己安定山东一带的局面。这恰恰给了羊侃实现他父亲回归南朝心愿的机会。

羊侃的祖父来到北魏后，虽然一直很受北魏皇帝的重视，但是一家人总是眷念着自己的家乡，期待着回归。那片家乡的土地，有着他们心中崇尚的正统文化，有着祖祖辈辈、血脉相传的族人，因此这个南归的心思一直强烈地萦绕在他们全家人心头。

羊侃的父亲常对儿子们说："人生怎能长久地逗留在异国他乡呢？你们应该尽早回归南方，尽心侍奉朝廷，才是道理。"从此，羊侃就准备率领河济地区的众将领归顺南朝，以实现父辈的心愿。

这件事很快传到了魏帝的耳朵里。太武帝就派使者加封羊侃为骠骑大将军，并命他永久担任兖州（今山东省西部、河南省东北部、河北省东南部）刺史，孝忠朝廷，想以此厚赏把他留住。

羊侃正想找个机会走人，一看来人趾高气扬的架势就没好气，尤其听见他瓮声瓮气地宣读圣旨，看到他振振有词的那副神态，大有一副狐假虎威、压人一头的样子。羊侃好不容易咬着牙听完了圣旨，大意是，要把他永久地留在兖州侍奉朝廷。此时的羊侃已经火气攻心，终于没能忍住，当场斩杀了这个北魏使者。

魏朝闻听使者被杀，满朝文武简直炸开了锅。朝廷马上指派令仆（指尚书令与仆射）于晖率领几十万军队，于528年七月，将羊侃军队团团包围。羊侃军营中的箭都用完了，死伤了很多的士兵。可是南边接应的军队还没影儿呢！情急之下，羊侃只好在夜里发起突围，边战边撤，经过一昼夜的拼杀，终于冲出魏境，投奔了南梁。

投靠南梁后的羊侃，虽然被梁武帝下诏任命为散骑常侍，但作为武将却没有统率大军驰骋战场的机会，让他郁闷了很久。一直到南梁军队进入寒山时，被东魏慕容绍宗围困的那一次遭遇战，他才有机会带兵迎敌。但他没想到主帅萧渊明昏庸无能，拒绝听他的劝告和建议，致使梁军近五万人马大败，幸亏自己提前做了防范，才安全地撤回了南梁。

寒山被东魏围困，惨遭重创，大家心知肚明是萧渊明的错，也看到了羊侃是个有勇有谋的将领。羊侃升任都官尚书（职掌刑狱，亦佐督军事）后不久，侯景就发动了叛乱，打到了长江边上。梁武帝急忙召见羊侃，询问讨伐侯景的计策。羊侃提出应采用双管齐下的策略，一边建议梁武帝立刻派人防守采石矶（指安徽省马鞍山市临江一带）要地，使侯景渡不了江，一边命邵陵王萧纶率军袭取寿阳，这样一来，侯景叛军进退两难，他的一帮乌合之众必然就会溃散。

羊侃的这个计谋，原是一把取胜的利剑，结果又是那个不学无术、专会溜须拍马的朱异钻了出来，咬文嚼字地奉承起皇帝来："真龙天子威震四海，皇恩浩荡梦授天意；侯景归降人心所向，岂有篡位反叛之心？"

梁武帝最爱听朱异的恭维话，着实感到字字贴心，句句舒坦，不禁脱口而出："说得好啊！"于是他笑呵呵地对羊侃说："爱卿不必担心，哪里会有什么叛乱？这分明是来归降嘛！"羊侃见此情景，无奈地低叹一声："哎，南朝亡日已近了！"此时大敌当前，危在旦夕，谁会想到侯景在萧正德的策应下，已经顺利地攻入建康，包围了梁武帝居住的台城。

台城被围后，城内的官员、百姓乱成一团。危难时刻，羊侃表现出大将的沉稳干练，为了稳定军心，他谎称收到城外人用箭射进来的书信，说是邵陵王和西昌侯率领的援军马上就到了，人们这才安下心来。第二天，侯景开始攻城，打算放火攻入城门，羊侃就命人在城门的上部城墙上凿洞，从洞里放水灭火。叛军一看火攻没能得逞，又以长柄战斧劈砍城门。眼看城门就要被劈开，羊侃就命人在城门上钻个洞，猛地伸出长矛，成串地刺杀敌兵，吓得敌兵再也不敢上前劈门。

羊侃多次击退了侯景的进攻，使梁武帝和太子大为赞叹，赏赐了他大量的金银财物。羊侃自己却一样不留，把这些东西全都赏赐给守城的将士们。

侯景三个多月来用尽了招数，愣是没能攻下城池，只得在城外用土石筑起围墙，企图困死建康城中的人。就在羊侃竭尽全力守护台城的时候，他的儿子羊鷟（zhuó）被侯景俘获。侯景命人把他捆绑着拉到城下，叫羊侃出来相见。羊侃心如刀绞，强忍着悲痛说："为了报效国家，即使献出整个家族，也在所不惜，岂在乎一个儿子？"然后他毅然转身，不忍见到儿子被害。叛军士兵被他的忠义感动，谁都下不去手。

过了几天，侯景攻城不下，又玩儿起了老把戏，再一次把羊鷟拉到城下进行要挟。羊侃见了城下的儿子心里头咯噔一下，暗暗庆幸儿子还活着，索性将计就计，大声地说："我以为你早死了，想不到还活着！"说着，他拈弓搭箭拉满弓，做出将要射向儿子的样子。叛军好不容易逮着这个人质，一看城上的羊侃真要下手，都认为这个当爹的一定是疯了！

敌对两军谁也不忍看到这一幕。城下的兵士赶紧拉着羊侃的儿子避开了。上面的将士赶忙夺过羊侃的弓箭，给他递上一杯水。羊侃心里怦怦直跳。他搓了搓冰凉的双手，再往下一探，不见了

故事里的中国历史

儿子，身子不由得往后退了一步，长舒了一口气。侯景也看傻了，心想即使杀掉羊鹭，一时也拿不下城池，如果再用苦肉计，只会更加惹怒羊侃，为此，反倒留了羊鹭一条命。

羊侃虽然苦苦守城，但各地的援军都在二十里外远远地观望，他们为了保存实力，谁也不愿前来救援。后来下起了暴雨，城内的土山崩塌，叛军乘机攻城，眼看就要攻入城里了。守城将士虽极力奋战，也难以阻止拥入的叛军。情急之下，羊侃命令将士大量投掷火把，形成一圈火城，大火截断了叛军进城的道路。同时羊侃命人在火城的后面奋力修筑城墙，使叛军无机可乘。

549年十二月，羊侃由于连日抗敌，操劳过度，染病死在守城前沿，时年五十四岁。此后，城内再也找不到抵抗叛军的得力将领。不久，守城将士们的粮食消耗殆尽，侯景趁势攻入了建康。

第四十三章 北周灭齐

六镇起义后，北魏分裂为东魏和西魏。东魏无论在军事、经济和文化上都要胜过西魏，最终被权臣高欢的儿子高洋取代，建立了北齐。那么西魏又是如何变成北周的呢？

当西魏的政权落到了权倾朝野的宇文泰手里后，废君立帝的朝政大事，都由他说了算，于是当朝皇帝就成了傀儡。由于宇文泰懂得知人善用，在他掌朝期间，任用了一批有才能的人，采取了一系列的改革措施，并借着东魏在寒山围剿南梁的时候，趁机扩充了西魏的领土，使西魏的实力得到了加强。

556年，宇文泰死后，大权就落在了他的侄子宇文护的手中。宇文护迫使西魏恭帝拓跋廓让禅，封宇文泰年幼的第三子宇文觉为周公，随后接二连三地干起了先立后废的勾当。仅在557这一年里，他先立宇文觉为北周孝闵帝，九月又杀死了孝闵帝，立宇文泰的庶长子明帝宇文毓登基，建立了北周政权（557—581年）。

谁知没过多少年，强大的北齐却被北周给灭了，这又是什么原因呢？

北齐由鲜卑族的六镇流民以及河北世族所组成，地大物博，资源丰富，有着两千多万人口，而当初的创建者是秉性深沉、善于机谋的高欢。在治理国家的方略上，他采用任人唯贤的做法。由于他治军严谨，赏罚分明，将士们都愿意为他效力。

在他的治理下，东魏国力强盛，兵精粮足，能调动的军队不下二十万。后来高洋建立北齐以后，不断开疆扩土，先后击败库莫奚、契丹、柔然、山胡(属匈奴族)等族，并攻下南朝萧梁所辖的淮南地区，一跃成为南北朝最强的国家。

与此同时，西魏权臣宇文泰仍处在地狭国贫、人口不满千万、军队仅有三万多人的境况下，虽然逐渐打下了建立北周的基础，但与东魏相比仍不免捉襟见肘。处于内外交困之中的宇文泰，曾于534年带领一批以鲜卑将士为主的武川军人，从夏州（今陕西省榆林市境内）来到了关中，相比当地众多的汉人豪强，自己的实力明显偏弱，尤其在兵力和财力上远不及高欢控制下的东魏强大，在文化上也明显落后，还不及南朝的萧梁。

为了解决这些问题，稳定关中秩序，巩固统治，宇文泰进行了一系列改革。首先，采用儒家文化的中庸之道，将不同民族进行融合；然后利用儒家《周礼》来改变朝廷官制，加强关陇地区鲜卑贵族和关陇汉族、外戚世家大族以及河东世家大族的融合，组成了关陇统治阶级的联合战线，形成了八柱国（西魏最高官职，用来安置权臣）以及十二大将军的阵营。此时，宇文泰一跃成为联合战线的全军统帅。

由于八柱国、各路将领围绕着皇权充分施展各自的才干，为北周的建立奠定了国基。560年五月，权臣宇文护派人毒死了周明帝，改立宇文泰的第四子宇文邕为帝，这就是历史上有名的北周武帝。

周武帝不同于被宇文护杀掉的前两个兄弟，虽然才十七岁，却是一个很有谋略的年轻帝王。即位以后，他多年来一直很低调，凡事不露声色，尽管表面上听凭宇文护摆布，暗中却努力积蓄力量，准备除掉这个朝廷权臣。572年，周武帝终于杀掉了专横跋扈的宇文护，夺回了政权。

周武帝在他父亲励精图治的基础上，进一步实行了多方面的改革，使北周各阶层的矛盾得到了缓和，国力也日益强大起来。这时，他开始把目光转向邻国，想要完成父辈梦寐以求的统一大业。

此时，北齐的江山轮到了第五位皇帝高纬当政，这是个暴虐残忍、荒淫无度的君王，北齐在他的手上一落千丈，日暮途穷。

周武帝亲政后，实行韬光养晦的策略，推动了多项改革。他吸取了当年南朝梁武帝不理朝政，频频上演出家还俗的闹剧，以致耗尽国库钱财，最终亡国的教训，展开了削减僧侣和寺庙的措施。

在内政上，周武帝提倡务实方针，使国家经济很快得到了增长，同时吸收适龄的广大汉族农民加入府兵，以此充实军事力量，准备兼并北齐；在外交上，采取同北方突厥和亲，与南方陈朝通好的策略。由于他的雄才大略、八柱国文武百官的齐心协力，促使北周日趋强大，成为后来北周灭掉北齐的重要原因。

而此时的北齐呢，情况恰恰相反：帝王穷奢极欲，荒淫无度；朝臣各自为政，一盘散沙；贪官蝇营狗苟，忠臣频遭陷害。面对混乱的北齐，周武帝认为该动手了。575年，他下诏大举讨伐北齐，亲率六万大军，进军河阴。不料在围攻中潬城（今河南省孟州市南；潬tān）时，由于城防坚固严密，二十多天没能攻下。周武帝又急切地转攻金墉城（今河南省洛阳市），同样未能如愿。结果他终因劳累患病，只好回朝。

第二年秋，北周武帝再次讨伐北齐。临行前他对将领们说："现在北齐朝廷混乱，这是上天赐予朕灭北齐的良机。这次出征事关重大，只能取胜，不可失败。杀敌立功者重赏，畏缩不前者军法惩处。"他的这番话让军心大振。

576年十月，周武帝亲率三路大军进攻平阳(今山西省临汾市)。情况十万火急，北齐满朝文武大惊失色，速派信使飞马报知北齐后主高纬。此时，高纬正和宠妃冯小怜兴致勃勃地在天池（今山西省宁武县西南管涔山上）打猎呢。

当北齐宠臣右丞相见信使风尘仆仆地赶来禀报战况时，觉得非常扫兴，恶狠狠地数落起来："没看见皇上他们正乐呵着吗？边关那一点战事儿，自有将士们顶着，也值得一些朝臣大惊小怪？要是扫了皇上和淑妃的雅兴，怪罪下来，你担当得起吗？"

故事里的中国历史

气喘吁吁的信使被莫名其妙地责备了一顿，只得掉转马头，悻悻而归。于是，北齐皇上这边照样心无旁骛地骑马打猎，尽情地追逐嬉戏；而北周武帝那边已经顺利地攻下了平阳城，俘虏了齐军八千多人。

577年，周武帝乘胜东征，直捣北齐都城。一年后就攻下了邺城，生擒了高纬和冯小怜。

那时，地处北周北面的突厥逐渐强盛，开始在边界寻衅骚扰。为了避免疆界纷争，周武帝迎娶了突厥公主阿史那氏为皇后。由于他灭掉北齐大功告成，因此打消了后顾之忧，不久就准备去攻打突厥。

众臣觉得奇怪：周武帝恐怕是被胜利冲昏了头脑，对方不是皇后的娘家人吗？干吗要去打人家呢？

578年，周武帝尽管积劳成疾，仍然率军兵分五路，北伐突厥。大伙儿一看，皇帝真的要跟亲家大干一场，私下唏嘘不已。岂料周武帝在亲征突厥的途中一下子病倒了。

同年六月，周武帝病情加重，回到洛阳当天就驾崩了，时年三十六岁。临死前他立下遗诏由长子皇太子宇文赟（yūn）继位。

北周灭掉北齐后，结束了北方近半个世纪的分裂局面，重新开辟了中国历史大一统的格局，为后来的隋朝统一全国奠定了基础。

第四十四章 北周废佛

周武帝即位后，首先尊崇儒术，励精图治。对朝政存在的吏治腐败、国家经济停滞不前、军队战斗力薄弱等弊病进行了一系列的改革。他反对铺张浪费，自己平日只穿麻布做的长袍，朝中金银珠宝一概收缴国库，并明令禁止官员侵占百姓财产，还经常亲自督导士兵训练。

由于北周的开国皇帝孝闵帝宇文觉和后来的明帝宇文毓，都虔诚地信佛，当时的佛教十分流行。为此寺庙占地从来不用交税，只要当了和尚就可以免除劳役和兵役。周武帝觉得这样下去实在太浪费了，这么多的人力和财力，要是用在兴国大业上，那该多好啊。

形势紧急，刻不容缓，武帝马上召集群臣、

各寺的名僧及道士，讨论三教的优劣。他希望通过讨论，得出一个务实的举措，达到以儒教为先，道教为次，佛教为后的排序，最终回到中央大一统的格局上来。不料事与愿违，当时执掌朝政大权的是号称笃信佛教的宇文护，尽管他曾经大开杀戒，先后害死过孝闵帝宇文觉、明帝宇文毓二人，如今却又伪善地主张以崇佛为主。另外，法师道安、鄄（juàn）鸾等人一再上书诋毁道教，要求独尊佛教。这样一来，周武帝一看三教的排列并不如意，只好先搁下再说。

572年，周武帝找准机会，杀掉了权臣宇文护，彻底夺回了大权。573年十二月，周武帝再次召集群臣、道士、名僧进行辩论，仍希望制定出以儒教为主的方案。由于大寺院的主持僧猛、静蔼、道积等法师奋起力争，极力诋毁、排斥道教和儒教，结果这次的预想又落了空。

周武帝为什么一定要灭佛呢？这还要从一位还俗的僧人卫元嵩（sōng）说起。卫元嵩出身豪门，祖籍四川。他年少时喜爱博览群书，精读四书五经。青年时代在佞（nìng）佛之风的影响下，削发为僧，在寺庙里潜心研究佛经。经过沿途漫长的走访调查，他对全国各地佛教寺院和道观的情况了如指掌。

卫元嵩的调查比较清楚地表明，在北周境内仅佛教寺院就有一万多座，僧侣多达百余万人，占全国编户人口的四分之一。全国土地约有三分之一被寺庙、道观占用。僧侣、道士人数越多，朝廷的租税收入就越少，编户平民分摊的赋税也就越重。

面对这样的现状，卫元嵩明确地感到佛、道二教长期拖累着北周朝廷，致使辽阔的北国经济停滞不前，阻碍着国家各方面的发展，更不可能实现富国强兵的方针大略。因此，如果不改变这种状况，国家哪里会振兴呢？他得知北周年轻的皇帝胸怀大志，主掌朝政后，主张富国强兵，实现一统天下，于是就来到都城长安。

周武帝身边正缺少个富于雄才大略的治国谋臣，得知有位正要还俗的僧人专程赶来献策，马上热情地将卫元嵩请到殿前。卫元嵩开门见山地向周武帝直言："陛下要统一中原，必须灭掉北齐；要灭掉北齐，必须富国强民；要富国强民，必须求兵于僧众之间，取地于塔庙之下。"

听完他一口气陈述的主张，周武帝感到一阵惊喜。卫元嵩又接着说道："如果陛下能够下决心废除佛、道，让年轻的僧侣、道士去当兵，军队不是扩充了吗？把被占用的土地分给百姓耕种，朝廷的收入不是增加了吗？将寺院、道观的资产统统收缴国库，那么购置军需物资、兴建农田水利不是有钱了吗？到那时，陛下何愁无力灭掉北齐，何愁一统中原的大业不能如愿？"周武帝听了连连点头，不禁赞叹地说："贤卿，难为你一番苦口婆心，字字珠玑啊！"

为了证实自己的主张，卫元嵩当着周武帝的面宣布还俗为民。卫元嵩的言行深深打动了年轻的周武帝。574年五月，他再次召开辩论会。在会上，佛、道两家争辩得非常激烈。辩论之后，周武帝思前想后，下诏废佛，将寺庙和道观的房屋、土地、财产，全部归公，当作国家基建费用和军费；和尚、尼姑、道士一律还俗，回乡务农；年轻力壮的和尚要跟民间小伙子一样去服兵役和徭役。

这么一来，田里的劳动力增加了，粮食收成上去了；兵役和徭役的队伍得到了扩大，不但使农民的负担减轻了，军队的兵源还得到了补充。

这之后的一年多，北周的老百姓由于减轻了负担，干活儿没有以前辛苦，生活反而比以前富裕了，国家也逐渐强盛起来。575年，周武帝亲自率领大军讨伐北齐。一到战场上，北周军队列开阵势，前后有二十多里长，对面北齐人见了都感到害怕，还没开战就想打退堂鼓。

周武帝骑着马从头到尾巡视检阅，并做了一番战前动员。为了鼓舞士气，他见到每一位大小将领，都能够准确无误地直呼其名。将领们听了个个精神抖擞，不禁心生敬佩。

等到战斗一打响，他看见一个士兵冲锋时跑丢了鞋，赤着脚还在往前冲，就立刻把自己的靴子脱下来，送给了这个士兵。这无言的举动，大大增强了兵将们的士气。历经两年多的围剿讨伐，于577年，北周消灭了北齐，统一了北方。在灭掉北齐以后，周武帝听说北齐的寺庙有四万多个，和尚、尼姑、道士有二百万人，比北周原来的还要多得多。经过一番考量，周武帝下令在北齐立即禁止佛教、道教，采取了跟当初在北周一样的做法。

此外，周武帝为了减少生产和流通过程中的规格差异，提高生产效率，将北方的度量衡再度统一起来。同时向各地发布招贤纳士的通告，要求各地郡县多向朝廷举荐有本事的人才。通过实施这些诏令，周武帝一心希望国家尽快强盛起来，有了足够的力量，才能去统一天下。

第四十五章 后主亡国

由于北周武帝励精图治，敢作敢为，终于力挽狂澜，于577年灭了北齐，统一了北方。可还没等到统一天下，他就驾崩了。继任他的周宣帝，却一点儿也没能继承他父王的遗志，反而是个十分荒淫暴虐的帝王，在位没几年就死了。他的儿子宇文衍即位，就是周静帝。这个年仅七岁的娃娃怎么当朝理政呢？于是由他的外祖父杨坚代为执政。

杨坚摄政虽然没几年，势力却越来越大，不久就放出风来，想自己当皇帝。北周的皇亲国戚感到很不是滋味，可眼看着小皇上刚开始学习认字，连奏折还看不懂呢，只好都顺从了杨坚。581年二月，九岁的宇文衍被人从御座上领了下来，身不由己地禅让给他的外祖父杨坚。随后，杨坚把国号改为隋，宣告北周灭亡，自立为隋文帝。

杨坚刚登帝位时，别看他的外孙年龄小，可一点儿都不服他这个外祖父。宇文衍天不怕地不怕，多次当朝与杨坚发生激烈的口角，使杨坚脸面大跌。为了坐稳江山，同年五月，杨坚派人暗中害死了自己的外孙。宇文阐死后，杨坚假惺惺地感到震惊，接着发布死讯，隆重祭悼，谥（古代帝王或大官死后评予的称号；谥 shì）为静皇帝，葬于皇陵。

杨坚杀害了这个捣蛋的小外孙后，心里觉得踏实了不少，于是着手整顿朝政，培植亲信，排除异己。接着他又开始训练军队，准备南下征讨陈朝。

陈朝这时候已经传到了第五代皇帝，叫陈叔宝，是一个荒唐得出奇的末代皇帝。他在位期间，穷奢极欲，沉湎酒色，完全废弃了朝政。朝臣们见他整天在宫里喝酒享乐，吟诗听曲，却没人敢阻止。日子一久，大家也都见怪不怪了。

《玉树后庭花》与《临春乐》等艳词曲目，都是叔宝皇帝最痴迷的歌舞，以致被后人称为亡国之音。当这些艳曲在宫中盛行时，殊不知陈王朝已走向行将覆灭的深渊。

陈后主不但荒淫无度，对百姓的搜刮更是变本加厉。百姓被逼得流离失所，无以为生，路旁随处可见饿死的尸体。

这时，北方的隋朝已经强大起来，隋文帝杨坚一心要灭掉陈朝，完成统一大业。588年，杨坚为了军队南下，派人打造了大批战船，可派谁担当大军元帅呢？俗话说上阵父子兵，派谁也得有自家人在里头，于是他命儿子晋王杨广、老丞相杨素担任元帅，贺若弼、韩擒虎为大将，率领五十一万大军，分兵八路，准备渡江进攻陈朝。

为了制造战前舆论，隋文帝亲自下了讨伐陈朝的诏书，宣布陈后主二十条罪状，还命人把诏书抄写二十万张，派人分别送到江南各地去散发。陈朝的百姓本来就恨透了荒淫无度的陈后主，一见到征讨陈朝的诏书，家家欢欣鼓舞，人心大快，都盼着这个昏庸的皇帝早日完蛋。

589年，隋军大举南下，江边守将告急的警报接连不断地送到建康。起初，陈后主并不在乎，心想，没准儿是边界的守军在搞鬼，故意谎报军情，向朝廷讨要赏赐，于是向中书舍人施文庆征询意见。

施文庆随口编了套瞎话，说："诸将历来嫌功高赏薄，时有怨言，不可委以重任，望陛下明鉴。"陈后主一听，跟自己的想法挺一致，于是对那些建议迎战的将领，压根儿就不再理会。此后，将帅一旦稍有过失，就立刻削去他们的军权，分配给都官尚书孔范等文职官吏。因此，文臣武将之间的隔阂越来越大，以致离心离德，再也合不到一块儿了。

隔了没几天，前方军情越发吃紧，报急的文书像雪片似的一封接一封。

陈后主终于有些慌了手脚，马上叫大臣们拿出个办法来。大臣们东一句西一句，争论了半天也没个结果。这时，皇帝却故作镇静地说："咱们东南一直是个福地，北齐曾经来攻打过三次，北周也来过两次，不是都失败了吗！这次隋兵贸然进犯，还不是同样来送死，没什么可怕的。"

两晋南北朝故事

这时，主战派大臣、骠骑将军萧摩诃站出来说："隋兵孤军深入，立足未稳，如果偷袭，定可取胜。"皇上仍然觉得是个假情报，不为所动。

紧接着大将任忠上奏说："兵法上说，彼军贵在速战速决，而主军贵在老成持重，北兵若来，应当固守，不与交战，然后分兵截断江路，使他们彼此不通音信。若陛下给我精兵一万，速去徐州断彼归路，敌军必然不击自退。以此可保陈朝江山社稷。"可陈后主还跟个木头人似的没动静。

尚书孔范历来鹤立鸡群，对两员主战大将不屑一顾，振振有词地对陈后主说："朝外那些带兵的将帅都是行伍出身，只有匹夫之勇罢了。至于深谋远虑、运筹帷幄，哪里是他们干得了的事呢？"一旁的施文庆为了讨好有权势的孔范，马上随声附和道："尚书大人所言极是，为臣颇有同感。"

孔范一听更来了精神，对陈后主说："陛下所云福地，实在英明，长江天险自古以来就是南北对峙的地界。隋军就算人再多，还能插上翅膀飞过来吗？这分明是守江官吏想贪功请赏，故意编造出的假情报。"

十万火急的战报被认为是假情报后，一心贪图享乐的朝臣们都得到了莫大的安慰，于是喜笑颜开地响起了一连串"对对对……是是是"的三连音，以至成了皇宫里的主旋律，谁还会把隋军的进攻当回事儿呢？

陈后主一看，揪着的心终于释然了，于是叫宫女们继续起舞吟唱，接着大宴朝臣，君臣只顾开怀畅饮，大口吃肉，大杯喝酒。

殿内照旧烛光闪耀、灯火辉煌，呈现出一派太平盛世的祥和景象。

589年的正月里，陈后主一连疯玩儿了好几天，脑袋昏昏沉沉的，一直到第二天的下午还沉睡着。突然间，他被前来告急的大臣给吵醒了，说由大将贺若弼、韩擒虎率领的隋朝军队已经渡过长江，到了京口和采石。陈后主这才一下子跳起来，喊道："快，快叫大臣们过来！"

到了这个时候，陈后主还在自欺欺人，边给自己壮胆，边对大臣们说："隋军就好比跑出圈的羊群，现在居然闯到咱们这儿闹事儿来了。我命你们现在率领大军，马上去消灭他们！"城里的军队还有十万人，可宠臣孔范、施文庆一伙儿完全不懂得怎么打仗，只会手足无措地在那里乱咋呼。

没几天，隋军就到了建康城外。陈后主派出的人马一见黑压压的五十多万大军涌来，吓得丢盔卸甲，不是四下逃散，就是缴械投降做了俘虏。隋军一路呐喊着，没费什么事儿就打进了皇宫。

攻入皇宫的一队隋军将士，到处找了个遍，就是没见着陈后主的人影儿。随手抓了个太监一问，才知道后主逃到了后殿，搂着两个爱妃投井了。隋军兵士马上跑到后殿，往井下一看，黑洞洞的，是个枯井，就冲井下呼喊。井里除了传来闷闷的回音，没有丝毫动静。兵士们急了，大叫起来："再不吭声，我们就扔石头了啊！"一边骂骂咧咧，一边搬起一块大石头，咕咚一声磕在井台上，做出要扔下去的样子。

此时，就听见井里发出一阵杀猪般的尖叫声。兵士们赶忙把绳索甩了下去，费了好大一番劲儿，如同拔河比赛似的拉上来一看，原来是陈后主拼命拽着绳子，哭丧着脸吓得缩成一团。再看他的两个爱妃，死命地抱着他的粗腰和大腿，灰头土脸地被生拉硬拽了上来，浑身沾满了泥土，哭得跟泪人似的。

自316年西晋灭亡起，经过二百七十多年的分裂局面，最终伴随着《玉树后庭花》的宫廷艳乐，敲响了南朝末代皇帝陈后主的丧钟。这个极尽荒唐腐朽的王朝，顷刻间就覆灭了。

一个伤痕累累、满目疮痍的中国又重新获得了统一。

出版后记

《故事里的中国历史》系列后五本由林力平先生创作完成。为保持系列图书通俗化的特有风格,林力平先生以历史为脉络,但又不拘泥于历史本身,进行了充满趣味性的再创作。

林力平先生不忘祖父重托,殚精竭虑坚持创作,其间因劳累两度入院。为配合出版工作,他分秒必争,竟带病审核文稿,其情其志感人至深。林力平先生的文风亦雅亦俗,浑然自成一家,为保持作品的"原汁原味",我们在编辑过程中秉持"尊重原貌"的原则,不做过多修改,以期为读者呈现作品最完整的风貌,希望能为读者带来不一样的阅读体验和收获。